LECCIONES DE VIDA

Últimos títulos publicados en esta colección:

M. Acaso, *Art Thinking*

Th. Armstrong, *Inteligencias múltiples en el aula*

X. Aragay, *Reimaginando la educación*

L. Britton, *Jugar y aprender con el método Montessori*

L. Castellanos, *Educar en lenguaje positivo*

J. Cela y J. Palou, *Carta a los nuevos maestros*

Dr. R. Casafont y L. Casas, *Educarnos para educar*

I. Marín, *¿Jugamos?*

R. Santiago y J. Bergmann, *Aprender al revés*

Howard Gardner, *Inteligencias múltiples*

E. W. Eisner, *El arte y la creación de la mente*

Ch. Negre y S. Carrión, *Desafío en el aula*

M. Sánchez Montero, *En clase sí se juega*

M. Acaso y C. Megías, *Soberanía visual*

A. Zafirakou, *Lecciones de vida*

ANDRIA ZAFIRAKOU

LECCIONES DE VIDA

Lo que todos podemos aprender de los mejores profesores del mundo

Traducción de Antonio Francisco Rodríguez Esteban

PAIDÓS Educación

Título original: *Lessons in Life. What We Can All Learn from the World's Best Teachers*, de Andria Zafirakou

1.ª edición, mayo de 2024

Paidós es un sello editorial de Editorial Planeta, S. A.
Avda. Diagonal, 662-664
08034 Barcelona, España
www.paidos.com
www.planetadelibros.com

ISBN: 978-84-493-4243-1
Fotocomposición: Realización Planeta
Depósito legal: B. 5.015-2024
Impresión y encuadernación en Huertas Industrias Gráficas

Impreso en España – *Printed in Spain*

PEFC Certificado
Este libro procede de bosques gestionados de forma sostenible
PEFC
PEFC/14-38-00305
www.pefc.es

A todos los profesores,
en cualquier parte

SUMARIO

INTRODUCCIÓN

Si te preguntara cuál fue la persona que cambió tu vida, es probable que la primera que se te venga a la mente sea un profesor. Lo sé porque suelo empezar mis intervenciones públicas con la misma pregunta, y en la sala se alzan muchas manos en señal de asentimiento. Los profesores, un abnegado ejército compuesto por personas con el múltiple papel de educador, solucionador de problemas, confesor, creador, cuidador, líder, asesor y creyente, pueden ejercer un impacto duradero en los jóvenes, sus familias y la sociedad en un sentido amplio. Debemos reconocerlos, respetarlos y celebrarlos. Sin embargo, esto funciona en ambas direcciones. Los mejores profesores son también aquellos que se han dejado influir por sus estudiantes, que los han educado en las más importantes lecciones de vida.

Esta es la fuente de inspiración de este libro. He querido reunir las voces de algunos de los mejores educadores del mundo y pedirles que compartan sus historias de estudiantes que les dejaron marca, tanto profesional como personalmente. Estas lecciones no solo las aprendemos como maestros, sino que también ayudan a los padres a comprender mejor a sus hijos y a los adultos a comunicarse con los jóvenes, ya sea en casa o en entornos laborales o sociales.

He tenido la suerte de saber exactamente con quién hablar

mientras escribía este libro. En 2018 gané el Premio Global a la Enseñanza. De las 33.000 nominaciones procedentes de 175 países, recibí el premio anual, otorgado por la Fundación Varkey a un profesor excepcional que haya realizado una contribución notable a su profesión. Fue un momento decisivo para mí y alimentó mi confianza en mis capacidades. También fue un momento de gran humildad, que me proporcionó una mayor compresión de la educación a nivel global y arrojó luz sobre algunos de los héroes desconocidos de la enseñanza. Gracias a este premio y a mi carrera de veinte años, he conocido a los profesores más asombrosos y he invitado a treinta de ellos a participar en este proyecto. He querido explorar sus experiencias en el aula y revelar las increíbles verdades descubiertas al trabajar con los jóvenes.

Cada uno de estos profesores afronta grandes desafíos en su lugar de trabajo, ya sea por el currículo, los tabúes culturales, el racismo, los padres ausentes y sobreprotectores, cuestiones de salud mental, la corrupción, los derechos de las mujeres, el trauma generacional, agresiones con arma blanca, la falta de financiación o enseñar en un país desgarrado por la guerra. Sus relatos únicos son, a veces, conmovedores, asombrosos, divertidos y dolorosos, pero siempre inspiradores, y ha sido todo un honor conversar con ellos y reflejar sus voces en este libro. No todos hablamos la misma lengua, pero estamos unidos en nuestro compromiso con la educación y el bienestar de nuestros estudiantes. Sé que puedo entrar en cualquier escuela, en un pueblo diminuto, en cualquier país, en cualquier continente, y sentirme como en casa.

Como les he pedido a mis compañeros que hablaran de los estudiantes que tuvieron un impacto en ellos, parece oportuno empezar con uno de los míos, un niño al que llamaremos Álvaro. No es su nombre real, porque en este libro hemos cambiado los nombres de todos los estudiantes para proteger su identidad. Álvaro llegó a nuestra escuela al final del noveno curso, cuando tenía catorce años. Venía de una escuela de necesidades especiales y sus padres querían que recibiera una educación convencional que culminara en los exámenes para obtener el Certificado General de Educación Secundaria (CGES), pero no tenían la expectativa de que pudiera aprobarlos. Álvaro se mostraba selectivamente mudo, tenía dificultades de aprendizaje y se negaba a participar en mis clases de arte. Como joven profesora, yo pensaba que podía marcar la diferencia, pero después de unas pocas clases me quedé sin recursos. Entendí que el chico estaba muy traumatizado por el ambiente escolar y tenía problemas para comunicarme con él. No sabía cómo proceder.

Dos semanas más tarde, al final de otra clase en la que Álvaro no hizo nada, yo conversaba con dos estudiantes mientras los alumnos abandonaban el aula. Con el rabillo del ojo vi como Álvaro colocaba un objeto en mi escritorio y huía hacia la puerta. Le pedí que se detuviera. En una hoja de papel rayado, arrancada de uno de sus libros de texto, había dibujado la imagen más encantadora de una guitarra que yo había visto nunca. Estaba eufórica. ¡Era capaz de hacerlo! Y lo más importante: ¡quería hacerlo! Y yo sabía que podía ayudarlo. Le dije que su dibujo era maravilloso y me miró con sus ojos grises, llenos de sorpresa. Introduje papel y útiles para dibujar en su mochila y pedí que hiciera cinco dibujos para la semana siguiente. Presentó sus trabajos en la siguiente clase y yo se los enseñé a todos los alumnos, que se mostraron sinceramente complacidos y le felicitaron. El orgullo y la confianza de Álvaro en su trabajo crecieron rápidamente. Sus padres y él estaban muy contentos con la nota (D, aprobado alto) obtenida en el CGES. Yo también, pero sabía que, con más tiempo, el resultado podría haber sido mejor. Se quedó a hacer el bachillerato y estudió arte y fotografía, y obtuvo sobresalientes en ambas asignaturas.

Lo más hermoso del viaje de Álvaro no fueron sus notas, sino cómo cambió como persona. A menudo entraba en clase, tomaba asiento al fondo y se enfrascaba en sus tareas. Cuando llegaban los estudiantes más jóvenes, charlaban con él y yo les reñía por distraerse, pero en realidad me emocionaba que conversara. Álvaro llegó a ser una parte importante de la comunidad escolar e incluso adquirió la confianza suficiente como para participar en la función escolar. Él había descubierto su pasión y, en el proceso, me enseñó a no rebajar mis expectativas respecto a los estudiantes y a no resignarme con ellos, sino a concederles tiempo y espacio para que me muestren quiénes son y qué pueden hacer.

Cada día aprendo algo de mis estudiantes, mientras construimos una relación y yo guío su viaje a través de la educación. Hace poco volví a recordarlo a propósito de un alumno, Jacob, que tenía problemas en la clase de arte. No conseguía que se involucrara y a muchos de mis compañeros les resultaba difícil enseñarle. En mi clase intentaba realizar la tarea pero, poco después, rompía su trabajo y decía: «Basura». Veía como su confianza y su autoestima disminuían, y esto era agotador tanto para él como para mí. Cuando empezamos un nuevo proyecto sobre la identidad, creí que supondría un reto aún mayor, ya que era muy personal, y sabía que le costaría participar. No quería que sintiera ninguna presión, tan solo deseaba que la asignatura le interesara y que disfrutara del proceso. Hizo una obra que me recordó al artista estadounidense Jean-Michel Basquiat. Era cruda y brillante. Le mostré quién era Jean-Michel en el ordenador y a él le fascinó la comparación. Pasó de ser un chico al que tenía que camelar para que entrara en clase a un artista concentrado y prolífico. Jacob se dio cuenta de que su trabajo era importante y de que tenía derecho a estar allí, como el resto de los alumnos. Algunos jóvenes se sienten muy aislados, y para cambiar su trayectoria a veces basta con algo muy sencillo, o un gran momento eureka. Como profesores, no sabemos qué desencadenará este cambio, pero, cuando sucede, tenemos que aprovecharlo.

Veo que esto se refleja en las perspicaces reflexiones de mis colegas a lo largo de este libro. Lo descubro en las muchas formas que han encontrado para conectar con sus estudiantes, como Martín, al crear una radio en una escuela de Buenos Aires; o David, director de un centro educativo escocés, que implica a sus alumnos en un programa comunitario de recuperación; o Armand, que convierte su escuela canadiense en Hogwarts y celebra una semana de clases con temática Harry Potter. Este estilo de enseñanza no solo requiere una enorme cantidad de energía, creatividad y motivación, sino también el coraje de desviarse de la estructura escolar tradicional y trabajar fuera del horario laboral remunerado. La valentía es un motivo fundamental en este libro, tanto en alumnos como en profesores, incluyendo las batallas de Marjorie y Andrew y el enfoque rebelde de Esther y Leticia. Howard y Swaroop recuerdan a los padres que deben tratar a los niños como a individuos y permitirles tomar sus propias decisiones. Peter dice que se niega a rendirse y Maggie nos habla de estudiantes que han hecho de ella una mejor persona. Por encima de todo, cada uno de ellos respeta y cree en los niños a los que educa.

Lo que al principio parece una guía para los profesores es, en realidad, la búsqueda del valor, la esperanza y el amor que va más allá de ofrecer soluciones en el aula. Se trata de un valioso recurso de estrategias, ideas y pensamientos para los padres y los adultos que quieren entender y comunicarse con los niños en sus vidas. Espero sinceramente que, con independencia de las razones que te han llevado a sostener este libro en tus manos, saques de él lo que necesitas.

ANDRIA ZAFIRAKOU
43 años, Londres, Reino Unido

Nadia Lopez

45 años, Nueva York, Estados Unidos

«Creo firmemente en ofrecer a los niños experiencias que los preparen para el mundo. Sin los límites que les impidan explorar lo que significa ser autónomos.»

En su época de estudiante, Nadia tenía fobia a las matemáticas. La asignatura le provocaba ansiedad y era incapaz de concentrarse en las clases, pero su profesora no atendía a sus dificultades. Sin embargo, cuando Nadia se licenció como profesora de educación especial, cualificada para enseñar todas las materias, las matemáticas le fascinaban. Sabía lo que se sentía al tener dificultades en clase y quería ayudar, no solo a los estudiantes, sino también a los profesores que necesitaban saber cómo abordar la situación. Esto estableció las pautas de la posterior carrera de veinte años de Nadia como profesora, directora, coach y mentora en Brooklyn, Nueva York.

A menudo la educación especial arrastra asociaciones negativas, señalando a estudiantes que tienen problemas en diversas áreas del aprendizaje y colocándolos aparte de sus compañeros aparentemente más capaces. Nadia fue testigo de primera mano, tanto como profesora —en Estados Unidos la educación especial era considerada un establecimiento, no un servicio—, como con sus estudiantes, que se sentían marginados. Les habían dicho que eran incapaces de hacer nada. Nadia estaba decidida a demostrar que el sistema se equivocaba.

«Estos jóvenes reaccionaban y respondían a las etiquetas que otros les ponen. Se portaban mal porque nadie se había tomado el tiempo de hablar con ellos y conocerlos. Nadie les había dicho que eran excepcionales, que podían aprender de otra manera y demostrar su tremendo talento. Debido a mi misión, a mí me consideraban una rebelde, empeñada en hacer cosas que los profesionales del ramo decían que no podía hacer, o que los niños eran incapaces de llevar a cabo.»

Conseguir que los estudiantes reconocieran su brillantez personal ha sido el mayor logro y objetivo de Nadia. Sabía que todo estaba contra los niños, muchos de los cuales provenían de comunidades negras, latinas y bangladesíes, con más del cuarenta por ciento de las familias viviendo por debajo del umbral de pobreza. Algunos de los niños a los que daba clases también tenían un historial de traumas y trastornos mentales derivados del maltrato, la vida en refugios o haber sido entregados a los servicios sociales a la fuerza. Nadia creó un servicio integral para apoyar a estos estudiantes, y les ofreció una jornada ampliada, en la que la escuela estaba abierta hasta las seis de la tarde, de lunes a sábado.

Nadia era consciente de los sentimientos contradictorios de los padres con relación a su trabajo y a la escuela. Aunque deseaban lo mejor para sus hijos, a veces la misión de Nadia podía sacar a la luz las propias deficiencias de los padres. También albergaban sospechas hacia un sistema que les había fallado como estudiantes. Su experiencia con la escuela les mostraba que esta era una institución que no se preocupaba por ellos. A Nadia le llevó tiempo conquistar su confianza; y reconfortaba y tranquilizaba a los padres de forma habitual.

«Les decía que no soy una amenaza y les daba las gracias por permitirme tener acceso a lo que, en mi opinión, eran los regalos más preciosos que podían hacerle al mundo. También era importante decirles que mis padres eran inmigrantes y que lo único valioso que podían darme fue la educación.»

Habló con ellos acerca de sus propios viajes educativos. Muchos de ellos habían abandonado los estudios en el momento en que llegaron al mismo curso en el que estaban sus hijos. Por lo tanto, que sus hijos estuvieran ahí y les fuera bien era un gran logro. Ella los implicaba en diversas actividades y los animaba a ir como voluntarios en viajes escolares. En algunos casos les enseñaba cosas que no habían aprendido en su infancia. Recuerda a una de sus estudiantes, Sasha, que acudió a ella después de graduarse y le pidió un favor a Nadia. Le dijo que su madre no sabía leer y que estaba preocupada porque, cuando ella se fuera a la universidad, no tendría quien le pudiera leer. Nadia habló con la profesora de séptimo curso de Sasha, que aseguró estar encantada de darle clases particulares.

«Llamamos a la madre de Sasha a la escuela y nos sentamos con ella y con su hija. Sasha nos habló, de forma conmovedora, del tiempo que su madre había empleado en priorizar la educación de su hija. Le dijo que ahora había llegado su turno y que quería que se beneficiara de la enseñanza. Era maravilloso contemplar a esta chica de dieciséis años valorando su educación y con el deseo de compartirla con su madre. Las clases fueron un éxito y esta aprendió a leer.»

Lo que Nadia creó, primero como profesora y luego como directora, fue una comunidad que definía qué era el éxito y lo celebraba. Animaba a los estudiantes a tomarse su aprendizaje en serio y asumir responsabilidades compartidas. Con el paso de los años, muchos alumnos se habían quedado en el corazón de Nadia, como la tímida Nica, a la que conoció en su tercer año dando clase. Nica había pasado de una clase de educación especial más restrictiva, con doce alumnos, un profesor y otro de apoyo, a la siguiente fase con el equipo colaborador de Nadia y otro profesor.

«Nica tenía estilo. Lo veías en su ropa y en sus zapatillas; vestía a la moda. Pero no hablaba nunca. Yo la observaba en clase y sabía que quería intervenir, pero acababa reprimiéndose. Un día hubo un pequeño incidente, tan insignificante que ni siquiera recuerdo la razón, y yo estaba intentando solucionarlo cuando descubrí que Nica se había echado a llorar. La saqué del aula y le pregunté qué ocurría. ¿Sabes lo que me dijo? Dijo: "Nunca había estado en un lugar en el que la gente se preocupara". Nunca había recibido clase de alguien que se preocupara por sus alumnos.»

En su clase anterior, Nica era la única chica, y al profesor le resultaba imposible controlar a los alumnos. En consecuencia, ella se pasaba la mayor parte del día enfrentándose a los chicos, que se le acercaban de forma inapropiada o la ridiculizaban. Pasaba la jornada escolar en una especie de zona de guerra en la que no había tiempo para aprender nada. En la clase de Nadia no se permitía que los estudiantes se rieran de sus compañeros o los tocaran. Y jugar a las peleas, que normalmente acababa en golpes de verdad, estaba prohibido. Había reglas específicas en el patio y Nadia las hacía cumplir.

«Nica aseguraba que era la primera vez que no le daba miedo estar en el aula. Su madre dijo que no sabía qué era lo que yo hacía en clase, pero que era la primera vez que no tenía que obligar a Nica a ir a la escuela. De hecho, cuando volvía a casa, hablaba del día que había tenido y decidía leer libros. Y, en la hora del almuerzo, Nica y su nueva amiga, Stephanie, impartían lecciones de baile a otras chicas. Vi como esta chica maduraba delante de mí y eso fue un punto de inflexión en mi carrera. No había valorado lo suficiente la profundidad de la experiencia de un niño en la escuela y cómo puede destruir o construir su futuro. Nica empezó a tener iniciativa y descubrió cómo debería ser tratada.»

Nadia cree, y yo estoy de acuerdo, que si Nica no hubiera cambiado de clase y no hubiera experimentado la diferencia entre una profesora que se preocupa y otro que no lo hace, habría abandonado los estudios. Habría sido muy duro para ella seguir protegiéndose a sí misma y concentrarse en el aprendizaje de sus necesidades educativas específicas. ¿Y qué fue de Nica?

«Le fue increíblemente bien. La vi unos años después y quería matricularse en un centro universitario urbano y conseguir una licenciatura. Esa conversación me emocionó. Esos momentos...»

Se me pone la carne de gallina al escuchar esto, y entiendo por qué este momento fue especialmente revelador en el viaje pedagógico de Nadia. Le demostró no solo hasta qué punto era importante observar de cerca a sus estudiantes, sino también que una buena relación entre el profesor y el alumno no es algo que deba darse por sentado.

«Me fascina el hecho de que pasamos mucho tiempo forjando relaciones con otros adultos y, sin embargo, cuando se trata de niños, pretendemos acelerar el proceso y esperamos que se abran a nosotros cuando no nos conocen. Esto no sucede entre adultos; ¿por qué habríamos de esperar otra cosa con los niños? No podemos esperar que se abran a nosotros sin ganarnos su confianza en primer lugar.»

Nadia ha desarrollado estrategias para conectar incluso con los estudiantes más inaccesibles. Ha aprendido mucho de ellos, sobre cómo y cuándo hablarles. Si un alumno no quería hablar, Nadia lo llevaba a su despacho y encendía la televisión o le daba un libro. También un folio en blanco.

«Mi despacho estaba decorado con dibujos de los estudiantes, fotografías de mi familia y refranes y frases colgadas en las paredes. Era un reflejo de mi personalidad, y al invitarlos a entrar en mi espacio les estaba mostrando mi confianza en ellos. Les decía que me iba a poner a trabajar mientras ellos estaban allí. Y que el folio en blanco estaba ahí para cuando quisieran escribir qué es lo que andaba mal. O para hacerme saber que estaban dispuestos a hablar. Nunca los obligaba a mantener una conversación conmigo.»

Hubo un estudiante, Carter, que define el poder de este planteamiento. Provenía de un entorno difícil, con un padre amenazador que había estado en prisión. Carter manifestaba una actitud ruda y se pavoneaba por la escuela junto a su pandilla. Una tarde Nadia lo encontró en el hueco de la escalera, golpeando la pared y sollozando.

«Le llevé a un aula vacía y le pregunté qué le pasaba, pero no quiso hablar; entonces le entregué un folio en blanco. Le dije que me preocupaba que se hiciera daño a sí mismo o a otra persona y que por eso no podía permitirle abandonar el edificio, pero que si escribía su problema tal vez pudiera ayudarlo. Escribió cuatro palabras. "Me gustan los chicos." Luego me pidió que no se lo contara nunca a su padre. "Me mataría", dijo.»

La primera respuesta de Nadia consistió en decirle a Carter que lo quería tal y como era y que le agradecía que hubiera compartido eso con ella. Después le explicó que no quería que se sintiera como si su vida se hubiera acabado.

«Le pregunté si le gustaba alguien de la escuela y respondió afirmativamente, pero que no podía hacer nada al respecto. Tan solo sabía que era más feliz rodeado de chicos. Le dije que lo entendía y que quería que supiera que conmigo tendría un espacio seguro en el que poder hablar de cualquier cosa. Quizá, con el tiempo, eso le ayudaría a hablar con su padre.»

Antes de la graduación, Carter le preguntó a Nadia si podía ser él el encargado de pronunciar el discurso. Sentía que tenía algo que decir, no solo a su propio padre, sino a todos los padres en general: que debían ver a sus hijos como individuos. Nadia no cabía en sí de gozo.

«En aquel discurso no confesó su identidad sexual, pero si estabas al tanto, sabías perfectamente a qué se estaba refiriendo. Carter había formado un pequeño grupo de amigos que o bien se estaban planteando su identidad, o bien esta no se amoldaba a la identidad preestablecida, y habló en nombre de todos ellos. Fue increíblemente poderoso. Después, lloró y me abrazó, y su padre vino y dijo que había sido un gran discurso. Como profesor, tus acciones pueden salvar o cambiar una vida.»

Creo que a los niños les puede resultar más fácil hablar con un profesor que con sus propios padres: tal vez porque les preocupa su reacción, las expectativas familiares o el temor a que se enfaden. En algunos casos les da miedo atraer la vergüenza a la familia, lo que podría tener como consecuencia el rechazo de la comunidad o que los manden al país natal de sus progenitores. Sé que a los padres les resulta duro escucharlo, pero ¿hasta qué punto estamos dispuestos a abrirnos a nuestros hijos sin hacerles sentir que todo lo que hacen está mal? Tenemos que aprender a animar a nuestros hijos a hablar sin hablar nosotros. Nuestro instinto nos induce a obtener respuestas rápidas e intervenir para resolver los problemas, pero debemos ser pacientes y crear el entorno propicio para la confianza y la sinceridad. Por ejemplo, los niños que exploran su identidad necesitan un espacio para indagar en sus sentimientos, en lugar de ser desacreditados, disuadidos o criticados. Esta era una cuestión con la que Nadia lidiaba habitualmente.

«Los padres tienen que dejar de hacer que todo vaya sobre ellos y de preguntarse si han hecho algo "mal". Esto solo tiene que ver con que sus hijos son únicos, preciosos, brillantes, excepcionales. Los padres no pueden elegir lo que deseará su hijo, pero están en disposición de forjar una relación en la que el niño se sienta querido y sepa que puede contar con el apoyo incondicional de sus padres. Esto es lo único que debería importar.»

Nadia ha sido testigo de primera mano de cómo hay situaciones que pueden empeorar y cómo estudiantes infelices se convierten en una seria amenaza para sí mismos, llegando a autolesionarse o a consumir drogas. En la escuela, ha trabajado para crear un ambiente inclusivo a la vez que respeta las regulaciones y tradiciones del centro. No siempre es fácil, y ha habido problemas en cuestiones como los baños (designó un baño para adultos para que lo usaran las personas no binarias), el color de las togas de graduación (púrpura para las chicas, negro para los chicos) y los pronombres (se acordó que a todos se les trataría de «estudiantes»).

«No sé lo que es llegar a ser una persona no conforme con su género y lo que eso implica a nivel social y emocional. Encontré una organización que se ocupaba específicamente de esto y vino a la escuela para llevar a cabo una formación profesional conmigo y mi equipo, además de dirigir pequeños grupos para estudiantes pertinentes.

He llevado las fronteras de nuestro sistema educativo más lejos en este campo. Quiero decir: hablamos todo el rato de diversidad e inclusión, pero ¿cómo se reflejan realmente en los centros escolares?».

Cada profesor tiene una definición personal de esta cuestión, pero para Nadia tiene que ver con que el niño experimente una sensación de pertenencia. Cree que deben verse reflejados en su entorno y sentirse con voz para expresarse cuando eso no sucede, sin ser penalizados. Por lo general, la escuela es su primera experiencia en el mundo exterior sin su familia, y se debería reforzar su capacidad para madurar y prosperar, no reprimirla.

«Creo firmemente en ofrecer a los niños experiencias que los preparen para el mundo. Sin los límites que les impidan explorar lo que significa ser autónomos. ¿Sabes? Creo que en muchos aspectos todos somos un reflejo de nuestros padres y de su influencia, tanto positiva como negativa. Tenemos que ser conscientes de ello y no repetir los errores con nuestros propios hijos; por ese motivo hay que mantener la comunicación abierta.»

Estar presente como progenitor es crucial, y hemos de seguir recordándonoslo a nosotros mismos, porque es fácil descuidarlo. Nadia lo aprendió con su propia hija, que se mostró resentida con su trabajo cuando era más joven. Ahora que la hija es mayor, han sido capaces de entablar un diálogo más sincero sobre cómo se sentía.

«Pasaba mucho tiempo con otros niños, y mi hija lo llevaba mal. Sentía que yo quería más a mis estudiantes porque estaba más tiempo con ellos, les compraba cosas y hablaba mucho de ellos. Al echar la vista atrás, mi hija es consciente de que en su infancia contó con mucho más que mis estudiantes. Pero yo reconocí lo que estaba diciendo; yo no estaba ahí tanto como ella necesitaba. Ella estaba presente en mi espacio con otros niños, pero yo no estaba con ella en los espacios que ella quería ocupar. Por eso ahora me aseguro de participar en su espacio. Eso es lo que tuve que aprender.»

Francis Jim Tuscano

33 años, Manila, Filipinas

«Quiero que mis estudiantes crezcan para convertirse en personas resilientes. Por supuesto, sigo enseñándoles a estudiar duro, pero si descubro que no les está yendo bien, si se están enfrentando a un fracaso, no es el momento de regañarlos. Es el momento de estar ahí con ellos y decirles que no pasa nada.»

Francis Jim Tuscano, al que conozco como Jim, creció en Abra, una remota provincia de Filipinas. El mayor de cuatro hermanos de una familia católica, obtuvo una beca para estudiar Filosofía en la universidad, con la idea de convertirse en sacerdote o abogado. No siguió ninguno de estos dos caminos. En cambio, después de graduarse, decidió dedicarse a la enseñanza, inspirado por los profesores de su infancia y estimulado por las circunstancias de su familia.

«Era más bien por razones económicas, porque soy el mayor y quería ayudar a mis padres. Tengo tres hermanas menores que tenían que ir a la universidad, y me daba cuenta de que iba a ser muy caro. No había tiempo para que yo fuera a la Facultad de Derecho, y convertirme en sacerdote no me haría ganar el dinero suficiente para financiar los estudios de mis hermanas.»

Jim se postuló para entrar en una de las escuelas de chicos de los jesuitas en Metro, Manila, y consiguió el trabajo, aunque no tenía una formación estándar en educación. En cambio, la combinación de su licenciatura y estudiar para obtener un certificado pedagógico en su primer año en el trabajo fue suficiente para cualificarlo. Enseñaba vida cristiana y educación en valores, una asignatura religiosa exigida en las escuelas católicas, y empezó a trabajar en el segundo curso con niños de ocho y nueve años.

«Trabajar con estudiantes más jóvenes me enseñó a gestionar un aula y a no gritarles cuando requería su atención o cuando yo sabía que lo que habían hecho no estaba bien. En Filipinas, los profesores pueden ser muy estrictos, muy tradicionales. Aprendí un enfoque diferente.»

Sin embargo, fue en el tercer año de enseñanza cuando todo cobró sentido para Jim.

«Empecé a aprovechar más la tecnología, con el uso del iPad, y esto despertó mi interés por la enseñanza. Antes todo era muy repetitivo y, como profesor, puede ser difícil no aburrirse. Me dio la oportunidad para encontrar aquello que me haría mantenerme en mi profesión. Era la tecnología.»

Jim entendía hasta qué punto las herramientas tecnológicas eran vitales para permitirle conectar con los estudiantes y ayudarlos con ciertas destrezas, como la comprensión lectora o compartir lo que habían aprendido en clase. Se había convertido en partidario de evaluar a los niños por medio de métodos no tradicionales.

«No siempre necesitamos usar exámenes en papel. ¿Y si ofrecemos a los niños la oportunidad de crear, no sé, vídeos o audios como artefactos para su aprendizaje?»

Jim se dio cuenta del valor de empoderar a los estudiantes para demostrar su aprendizaje de una forma que les resultara cómoda.

«Siempre he pensado que, para ser un buen profesor, tus estudiantes tienen que sacar buenas notas. Su buen rendimiento demuestra que sabes hacer tu trabajo, que lo estás haciendo. Ahora soy consciente de que todo tiene que ver con tu forma de apoyar a tus alumnos. He trabajado con niños de diversos entornos, con diferentes desafíos y problemas, y creo que mi éxito se cifra en mi comprensión de lo que necesitan.»

Jim agradece a la escuela haber confiado en él para encontrar su propio método de enseñanza. Cree que el hecho de que se le concediera la oportunidad de experimentar es lo que lo ha convertido en un profesor. Ahora es jefe de departamento y aún se siente con ánimo de buscar nuevas formas de dirigir a sus compañeros. Esta es una historia notable, y por desgracia inusual, de una escuela que reconoce el potencial de un profesor y le permite seguir su propio camino.

Jim ha planteado una cuestión de suma importancia respecto a crear el entorno adecuado y las oportunidades para ayudar a nuestros jóvenes a prosperar. Para él, la respuesta es incluir tecnología en el aprendizaje cotidiano, y me ofrece un ejemplo del impacto que esto ha tenido en uno de sus estudiantes.

«Estoy muy orgulloso de Gabriel. Está haciendo unas prácticas en Estados Unidos. Me dice que le influí a la hora de decidirse a estudiar informática.»

Jim fue profesor de Gabriel en segundo y sexto curso y, a petición de sus padres, se convirtió en su mentor cuando fue al instituto e incluso, pese a la gran distancia, a la universidad.

«Gabriel era muy perfeccionista, se sentía mal si cometía un error. Sus padres pedían una reunión y, para mejorar, preguntaban por qué su hijo no había obtenido una puntuación perfecta. Al principio me sorprendía encontrarme con esa pregunta ante lo que no era más que un único fallo. Es decir, la puntuación era casi perfecta, lo cual ya era un motivo de celebración. Sin embargo, después de la reunión me daba cuenta de que esta mentalidad de centrarse en la excelencia en las notas puede influir profundamente en los estudiantes; despierta en ellos el miedo a llevar a casa un examen con uno o dos errores y la presión por recibir honores y premios en la escuela, sobre todo porque esas recompensas suponían otras gratificaciones en casa.»

En aquel momento, Jim introdujo el iPad como herramienta de aprendizaje en clase y empezó a experimentar con otras formas y estrategias docentes, como el visionado de vídeos formativos, la creación de infografías y la escritura de blogs por parte de los alumnos. También creó nuevos modos de evaluación, lo cual al principio supuso una fuente de estrés a sus estudiantes, también a Gabriel, porque los tutores con los que estudiaban en casa no sabían cómo usar la tecnología. Fue un movimiento brillante por parte de Jim. Quería sacar a los estudiantes de su entorno seguro de estudio y proponerles exámenes basados en el rendimiento. Algunos se fortalecieron ante el reto, pero la confianza de Gabriel se quebró.

«Era mi oportunidad de enseñar a Gabriel y a sus compañeros de clase a sentirse cómodos al cometer errores. Y se abrieron a recibir *feedback*. Los exámenes ya no eran un trámite único en el que cometían un error y obtenían una calificación baja; eran capaces de mejorar sus notas día tras día.»

Me fascina el viaje emprendido por Gabriel y la actitud de Jim, que se centró en la persona que había detrás del gran perfeccionista. Una de las tareas que Jim planteaba a su clase era la creación de blogs personales, un registro de las reflexiones de los alumnos que estos podían compartir con los demás.

«Escribir un blog no es un examen en el que hay una respuesta correcta o falsa, por lo que supuso un desafío para los alumnos. Les ofrecí una plataforma donde los niños podían sentirse cómodos, pero a Gabriel no le gustó, decía que era muy aburrido. Por eso experimentó creando su propia página web y, aunque ese no era el objetivo original, los resultados fueron muy buenos.»

Esto llevó a que Gabriel aprendiera a programar en la escuela secundaria y enseñara a estudiantes más jóvenes los sábados por la mañana —durante el Club Hackathon— antes de cursar la carrera de Ingeniería Informática. Jim fue el responsable de despertar esto en él.

«Gabriel me confesó que yo le había dado la oportunidad de disfrutar aprendiendo. Y lo que sucede con la programación es que se trata de depurar y descubrir qué está impidiendo que una plataforma funcione, por lo que lo primero que debes tener es paciencia y aceptar que no tienes respuestas instantáneas, algo que a Gabriel le habría costado asumir cuando era más pequeño.»

Jim sigue en contacto con los padres de Gabriel. Ellos le envían mensajes para preguntarle si pedirá a su hijo que no trabaje tanto o se tome un descanso. Es curioso cómo cambian las cosas; Jim admite que no estuvo de acuerdo con ellos cuando los conoció.

«Pero creo que su sinceridad conmigo y mi necesidad de comprender sus razones han acabado fraguando una buena relación. Ellos solo querían lo mejor para su hijo. Hemos evolucionado juntos.»

Al seguir usando su planteamiento con estudiantes y padres, Jim los escucha, cuestiona su actitud tradicional hacia la perfección y les dice que está bien cometer errores.

«Digo: no te presiones para ser alguien perfecto, te perderás muchas cosas. Te perderás el lado divertido de la vida.»

Reconoce estas dificultades porque él también fue un estudiante perfeccionista y el primero de la clase; se graduó con honores pero, sin embargo, siempre estaba asustado. Nunca salía de su zona de confort ni hacía nada que pudiera afectar a sus calificaciones.

«Ahora les cuento esto a los padres para que sepan que realmente comprendo la situación, y les digo que lo que me asusta hoy es perder la oportunidad de enseñar a sus hijos esta sabiduría de vida. Quiero que mis estudiantes crezcan para ser personas resilientes. Por supuesto, sigo enseñándoles a estudiar duro, pero si descubro que no les está yendo bien, si se están enfrentando a un fracaso, no es el momento de regañarlos. Es el momento de estar ahí con ellos y decirles que no pasa nada.»

Los estudiantes a los que Jim enseña proceden de entornos privilegiados, a diferencia de él.

«Son hijos de empresarios que poseen enormes empresas y aerolíneas. Las tasas escolares son muy superiores a lo que es habitual en el país, razón por la que disfrutamos de financiación suficiente para recursos tecnológicos. A veces he sido desacreditado como educador por enseñar en una escuela exclusiva, pero replico que yo soy un producto del sistema educativo público; mi madre y mis hermanas dan clase en provincias, y ahí es donde está mi corazón.

No me olvido de dónde provengo. Doy clase en una escuela privada, pero esto me ha dado la oportunidad de llegar a otros lugares aparte de mi centro educativo. Creo que esto es importante, les doy mi propio toque a las cosas porque enseño educación en valores. Pongo en jaque la visión del mundo de estos estudiantes afortunados y les digo que no son las únicas personas que hay sobre la Tierra. Hay otros menos afortunados, y mi trabajo también consiste en enseñarles eso.»

Seré sincera: la idea de que se desacredite a Jim me solivianta. Enseñar en cualquier escuela implica desafíos, y cada niño tiene sus propios problemas, independientemente de su entorno y posición social. Lo que Jim hace con tanta brillantez es mostrar a sus estudiantes las vidas que existen más allá de la que les ha tocado a ellos.

Algunos de ellos tienen criados, chóferes y cocineros. Viven en la ciudad. Los llevan a la escuela en coche. En cambio, les explica él, él acude al centro en transporte público y no tiene coche, porque vive en un lugar donde probablemente se lo robarían. Enseñar educación en valores significa que Jim puede exponer a sus estudiantes la existencia de diversas comunidades, incluyendo tribus, pueblos indígenas y personas discapacitadas, y contribuye a mostrarles el mundo que hay más allá de sus cómodos hogares.

«Esta es la realidad. Y cuando me despido de mis estudiantes de sexto curso antes de que pasen a la escuela secundaria, lo último que les digo es que me sentiré muy orgulloso si se convierten en grandes empresarios, abogados, ingenieros o políticos. Pero añado que, si olvidan todo lo que han aprendido, lo único que siempre deben recordar es cómo ser una buena persona y pensar en los demás. Y que, si muero y me entero de que se han portado de forma poco ética, ¡saldré de mi tumba y me apareceré como un fantasma!»

Además de docente, Jim es consultor de aprendizaje digital, y trabaja con organizaciones y escuelas para planificar el currículo tecnológico. Pero esto es lo importante: si lo invitan para hablar de tecnología, no habla de eso. En cambio, se centra en cómo usarla para empoderar a los estudiantes y ofrecerles sus propias herramientas para compartir lo que han aprendido.

Me pregunto cuál es la verdad que Jim ha descubierto sobre los niños a lo largo de su carrera, y él responde sin dudarlo.

«Que los niños proceden de contextos diferentes y tienen necesidades distintas. Siempre empiezas por el contexto. Es un cliché, pero cada estudiante es único, y mi trabajo consiste en comprender de dónde viene.»

Como profesores, sabemos que cada niño a nuestro cuidado tiene su propia historia y que es nuestro deber descubrirla.

Marjorie Brown

63 años, Johannesburgo, Sudáfrica

«La verdadera alegría y satisfacción no consiste en triunfar individualmente, sino en formar parte de un todo más grande que transformará la sociedad en su conjunto.»

Marjorie Brown es una profesora sudafricana blanca, activista por los derechos humanos, fundadora de un programa de literatura nacional infantil y una de mis heroínas. Es un ejemplo asombroso de lo que se necesita para enseñar a los niños a ser ciudadanos del mundo. Ni siquiera fue su intención hacerlo. Marjorie no planeaba ser profesora. En la escuela prefería las ciencias y le gustaba la idea de estudiar Medicina, pero procedía de una familia con escasos recursos y no había becas para la universidad. Las únicas becas estatales disponibles en Sudáfrica eran para estudiantes que querían dedicarse a la enseñanza.

«Creía que jamás podría ir a la universidad, a pesar de mis buenas notas, porque mis padres no podían permitirse pagar las matrículas privadas. En su lugar, busqué trabajo, pero el tipo que me entrevistó echó un vistazo a mis calificaciones y dijo que en ese momento de mi vida no debería buscar empleo, sino ir a la universidad.»

Marjorie pidió una beca estatal para la enseñanza y fue a la Universidad de Ciudad del Cabo. Sus especialidades eran ciencia, matemáticas, historia e inglés. Se enamoró de la historia y eso es lo que fundamentalmente enseña hoy.

Los primeros pasos de Marjorie como profesora fueron moldeados por su prima, Linelle Gibson, que daba clase en una escuela de Ciudad del Cabo donde había protestas contra el *apartheid*. Linelle simpatizaba con los niños negros y, en consecuencia, el gobierno la puso en una lista negra y ella tuvo que abandonar el país. Marjorie se vio profundamente afectada por esta situación, y sabía que no quería enseñar en una escuela blanca para perpetuar la segregación del *apartheid*. Aunque provenía de un entorno pobre, era consciente de lo afortunada que era por haber crecido en una comunidad blanca, y no podía aceptar la desigualdad.

«No creo que hubiera podido vivir una vida decente sabiendo lo que sé y sin hacer algo al respecto. Muchos sudafricanos blancos querían seguir en la ignorancia y sin hacerse cargo. Yo quería ser parte de una solución y vivir en una sociedad igualitaria.»

Hubo un sacerdote católico que colgó los hábitos e intentó crear la primera escuela no segregada en Sudáfrica. Dio una conferencia en la universidad de Marjorie y esto fue una epifanía para ella. Por fin alguien hablaba de un sistema educativo del que ella quería formar parte. Se acercó al sacerdote y le dijo que estaba dispuesta a participar en su proyecto.

En aquella época, a finales de los setenta, el gobierno sudafricano intentaba que los diferentes grupos se mantuvieran separados, creando «naciones» que Marjorie describe como «vertederos basados en la etnicidad». Fundar una escuela no segregada en este contexto parece casi imposible. Siete personas, incluida Marjorie, se implicaron en el proyecto, y buscaron financiación en la empresa privada.

«Sudáfrica estaba sumida en el caos, Soweto, Ciudad del Cabo... Los chicos salían a las calles protestando contra el sistema educativo, que los obligaba a aprender afrikáans. En consecuencia, las grandes empresas se dieron cuenta de que las reformas eran necesarias, de modo que las empresas liberales blancas nos dieron dinero.»

Mientras se reunía la financiación para construir la escuela, Marjorie y los otros profesores tomaban asiento en las rocas, entre la maleza, y daban clase a sus alumnos al aire libre.

«Construimos la escuela poco a poco, a medida que recibíamos la financiación. Y la escuela acabó teniendo un cien por cien de aprobados en los exámenes de graduación. Desde el principio mi docencia incluía un elemento de justicia social; no solo tenía que ver con integrar a los chicos en el mercado laboral, sino, de forma más amplia, con transformar la sociedad. Había chicos negros que accedían por primera vez a una educación de calidad. Esto iba contra la política del gobierno, consistente en ofrecer educación inferior a los negros, conocida como educación "bantú", que los preparaba para una vida de trabajo manual.»

Marjorie comparte conmigo la historia de uno de sus estudiantes más extraordinarios, Moss Mashishi.

«La madre de Moss era una trabajadora del hogar en Soweto, a tres horas de distancia, y un día se acercó a mí y me dijo: "Aquí no hay educación de ningún tipo. Por favor, llévate a mi hijo y conviértete en su madre, en su profesora".»

No era extraño que los niños fueran abandonados en la puerta de las escuelas, consideradas refugios y la única oportunidad de recibir una educación digna. Respecto a Moss, su madre valoraba tanto la educación que estaba dispuesta a sacrificar su vida juntos.

«Le encontramos una familia con la que vivir cerca de la escuela, y yo me lo llevaba conmigo para las vacaciones. Vio el mar por primera vez. Su madre vivía en circunstancias muy difíciles en Soweto. Cuando, años más tarde, me convertí en una activista antiapartheid, conseguí un piso encima de una iglesia anglicana, y ella se fue a vivir allí. Esto podría haber acabado con las dos en la cárcel, y creo que lo que nos salvó fue que la gente creía que era mi empleada doméstica. Teníamos que encontrar la forma de sortear la ley para que la gente conservara su dignidad.»

¿Y qué pasó con Moss?

«Estudió Derecho en la Universidad de Johannesburgo y ahora es un empresario de éxito. Fue una de las primeras personas negras en formar parte del Comité Olímpico Sudafricano.»

Puedo asegurar que Marjorie se sentía muy orgullosa de él, pero también que él fue un catalizador para la siguiente fase de su vida.

Para Marjorie, la docencia iba más allá del trabajo. Era una de las razones por las que enseñaba historia a sus estudiantes: quería ayudarlos a comprender su pasado y lo que sucedía en su país. La escuela no segregada que ella y sus colegas construyeron estaba en la carretera que llevaba a los campamentos de reasentamiento donde se había dejado tiradas a tantas personas con poco más que unos inodoros de hojalata.

«Sentí que tenía que abandonar la enseñanza por un tiempo y luchar contra el desplazamiento forzoso de personas que tenía lugar en todo el país. Quería jugar un papel más destacado en el fin del *apartheid* porque, aunque hacíamos un trabajo espléndido en una escuela, necesitábamos transformar la situación política en Sudáfrica para que los niños negros accedieran a una educación mejor.»

Marjorie se unió a Black Sash, un grupo a favor de los derechos humanos integrado por mujeres que recaudaba dinero y dirigía asesorías para quienes no podían permitirse contratar a un abogado.

«Mucha gente acudía a nosotros, nos decían que el gobierno confiscaba sus tierras y nos pedían ayuda. Me convertí en una de las tres trabajadoras de campo que operaba con las comunidades negras en áreas rurales, ayudándolas a resistirse a los desplazamientos forzosos, trabajando con la prensa, las embajadas y los abogados para intentar detener el proceso.»

Tres años de lucha más tarde consiguieron un aplazamiento para todas las comunidades con las que estaban trabajando. Esto también marcó el inicio del fin del *apartheid*, que sin embargo aún tardó unos años en concluir. En este tiempo, Marjorie creó comités políticos nacionales y globales, formados por políticos y economistas, para trabajar en políticas más allá del *apartheid*.

Por último, el *apartheid* acabó en 1994.

«Pensé: "He cumplido mi objetivo. He ayudado a luchar contra el *apartheid*. He contribuido a la aplicación de nuevas políticas. Ahora puedo volver a la enseñanza".»

Siento una gran admiración por Marjorie, por su valor, tenacidad, compasión y energía. Marcó la diferencia en cada uno de los papeles y tareas que emprendió, y quiero saber: ¿qué le dio fuerzas para continuar?

«La gente. Personas extraordinarias con un gran sentido de la ética y la justicia social. Es como esa cita que dice que "lo único necesario para que triunfe el mal es que las buenas personas no hagan nada". Pues bien, aquella gente sí actuó. Y yo tuve el privilegio de trabajar con los mejores sudafricanos que defendían los derechos humanos, como el arzobispo Desmond Tutu.»

Muchas de las personas con las que trabajó Marjorie pagaron un alto precio, a menudo fueron detenidas sin juicio —ella también—, pero, como explica, no experimentaron el nivel de opresión al que eran sometidas las personas negras cuando las detenían.

De todos los recursos que algunas escuelas se esfuerzan por conseguir, la falta de libros es uno de los más relevantes. La mayoría de las escuelas de Sudáfrica no tienen biblioteca. No te sorprenderá saber que Marjorie también hizo algo al respecto.

«Esta es la razón por la que hace quince años introduje los concursos literarios, con el objetivo de elevar los niveles de alfabetización en el país. Llevé libros a ciento cincuenta escuelas de Sudáfrica carentes de biblioteca, pensando en los niños de primaria y en todos los niveles de lectura. Hay un «campeón de la lectura» designado (normalmente por un profesor) en la escuela, y organizamos concursos de preguntas en torno a cada uno de los libros. He comprobado que estas escuelas han desarrollado una cultura lectora.»

Hay innumerables historias de los niños que se han beneficiado de esta iniciativa, pero una de las favoritas de Marjorie tiene como protagonista al niño autista que encontró refugio en la biblioteca. No jugaba a ningún deporte, pero gracias al concurso ganó trofeos y pudo viajar por el mundo y ser reconocido por sus compañeros.

Su visión es que cada escuela tenga presupuesto para crear una biblioteca, pero le entusiasma la proliferación de los clubes de lectura y el debate sobre si el gobierno debería incorporar el concurso literario en el plan de estudios.

«Quiero que la idea cobre vida por sí misma.»

El impulso de cambiar la sociedad para el bien común está en el centro de todo lo que emprende Marjorie. Bromeamos a propósito de su deseo de lograr la paz mundial, pero lo haría si pudiera.

«Creo que mi deseo sería que todo el mundo fuera más humilde y escuchara realmente a los demás. Hay tanta división en el mundo —cultural, racial, sexual, de clase, de género—, que necesitamos más tiempo para escuchar y superar estas situaciones. En la escuela tenemos un comité de transformación, que debate todos los temas y plantea cómo hacer un mundo más equitativo. El poder es un problema, y también que la gente reciba grandes dosis de miedo y propaganda.»

Marjorie dio clase un tiempo en el Reino Unido y descubrió que el colonialismo está ausente en el currículo, a pesar de su enorme impacto en el mundo. Cree que en la sociedad habría un mayor grado de comprensión si estas cosas se enseñaran en la escuela.

«No solo estamos educando a los niños para una carrera, queremos enseñarles a hacer del mundo un lugar mejor. Cuando doy clase a los niños es evidente que son importantes en cuanto individuos, pero también quiero que sean ciudadanos del mundo. Y quiero que trasciendan sus propias necesidades y sus propios anhelos y deseos.»

En un entorno escolar competitivo existe el peligro de que los niños se vuelvan egoístas, por lo que Marjorie considera crucial inculcarles que deben colaborar con la comunidad.

«La verdadera alegría y realización no consiste en triunfar individualmente, sino en formar parte de un todo más grande que transformará la sociedad en su conjunto. También mantengo conversaciones con los padres.»

Marjorie además puso en práctica el Modelo de las Naciones Unidas, y sus estudiantes participaron en ligas vinculadas a universidades locales y escuelas internacionales.

«Tres de mis alumnos ayudaron en el borrador para la política de acción climática para la ciudad de Johannesburgo, y uno de ellos, Almaaz Mudaly, habló en la COP26. Tiene catorce años y está en noveno curso. ¿No es increíble? Esta es la visión que quiero para todos mis alumnos, y soy consciente de que a los padres les entusiasma descubrir el potencial de sus hijos, que va más allá del aula en la que les brindas oportunidades.»

Marjorie dirige un proyecto de responsabilidad social en el centro de la ciudad que sus estudiantes respaldan ofreciendo clases extra de matemáticas y alfabetización a huérfanos en comunidades más pobres del centro urbano. Cuando llegó la COVID, sus estudiantes se dieron cuenta de que los niños a los que ayudaban no podían ir a la escuela, lo que significaba que no comían.

«Para muchos de estos niños, la única comida del día tenía lugar en el entorno escolar. Mis estudiantes de undécimo curso dijeron que debíamos crear un plan de alimentación alternativo, por lo que buscaron financiación y comida y lograron dar de comer a esos niños.»

Los mismos estudiantes consiguieron excelentes resultados y la escuela obtuvo la media de calificaciones más alta en Sudáfrica. Por lo tanto, aunque esos estudiantes ofrecían su tiempo a los demás dándoles clase y alimentándolos, aguantaron la pandemia con positividad, y sus estudios no se vieron afectados.

Esto nos lleva directamente a la verdad que Marjorie ha aprendido de sus alumnos.

«Son mejores de lo que esperamos. Los niños a los que doy clase son fenomenales. Dales la oportunidad de pensar más allá de sí mismos y lo harán. Son naturalmente empáticos. Ya sabes, tendemos a pensar que los adolescentes son egoístas y banales, y, sin embargo, observar a mis estudiantes en los últimos tiempos ha sido como asistir al resurgimiento de los movimientos sociales en los años sesenta. Han asumido los retos sociales de forma muy adulta, tanto el cambio climático como el racismo o la pobreza urbana, y realmente han estado a la altura de las circunstancias.»

Afortunados niños, que tienen a Marjorie de su lado; y afortunada yo, por poder llamarla amiga.

Mark Reid

41 años, Vancouver, Canadá

«Creo que debemos dejar de preguntar a los niños qué quieren ser de mayores y centrarnos en quiénes quieren ser. No se trata de encontrar su identidad a través del trabajo que hacen, sino de reconocer la importancia de las conexiones y las relaciones.»

La música estaba en todas partes cuando Mark crecía en Ontario, Canadá. Formaba parte de una banda en la escuela y su padre era profesor de Música. A los doce años decidió que quería dedicarse a enseñar esta materia, siguiendo los pasos de su padre.

A la tierna edad de catorce años dejó la pequeña ciudad donde vivía con su madre y se mudó a la ciudad para vivir con su padre y poder asistir así a una escuela secundaria de artes escénicas.

«Echando la vista atrás me doy cuenta de que fue una decisión más importante de lo que yo creía en aquel momento —cambiar de escuela, elegir vivir con mi padre—, pero no fue tomada por emoción, sino más bien por un interés bien entendido.»

Mark no pensaba en tranquilizar a sus padres o a sus profesores, pensaba en lo que era mejor para él. Y todos a su alrededor le apoyaron.

«¿Te imaginas tener una idea a una edad temprana y que luego cada adulto con el que interactúas a lo largo de tu carrera escolar te ayude a fortalecer y respaldar esa decisión? Quiero decir, podría parecer que soy un poco terco si no fuera por todos estos factores externos que estaban alimentando ese deseo.»

Mark acabó siendo profesor de Música en una escuela secundaria, y ahora es un educador de recursos profesionales muy respetado en Vancouver. Enseña en un programa de transición a la universidad que apoya a los estudiantes adolescentes que quieren dedicarse a oficios cualificados y tecnología. Le conocí hace muchos años en el bar de un hotel en el evento del Premio Global a la Enseñanza en Dubái, e inmediatamente me sentí cómoda con él. Su espíritu hospitalario y su sincera calidez lo convertían en un embajador no oficial de la familia del Premio Global a la Enseñanza.

Junto con su compañera Allison, Mark trabaja con estudiantes de duodécimo curso que no se adaptan a la educación convencional por alguna razón, preparándolos para ser aprendices o recibir formación y buscándoles un empleo. Para algunos estudiantes, graduarse ha sido una imposibilidad hasta que han conocido a Mark y Allison y al fin han encontrado algo que les interesaba. Mark siempre ha sido muy consciente de la necesidad de apoyar vías alternativas para graduarse.

«Cuando fui profesor de una banda de música, muchos chicos en clase estaban más interesados en la mecánica del instrumento que en cómo tocarlo. No fue una sorpresa que dejaran la música para dedicarse al estudio del trabajo del metal o la ingeniería automecánica.»

A menudo conoce a estudiantes que se han alejado del sistema, y él es su última esperanza. Siempre le impresionan con su resiliencia; aun cuando han sido ignorados o desatendidos, se abren a quienes les dan tiempo y quieren ayudarlos.

«Pido a los estudiantes que me llamen Mark, no señor Reid, porque este periodo en su vida se centra en su transición al mundo adulto y al mercado laboral. Quiero empezar a cultivar destrezas y actitudes para el siguiente paso que han de dar. Es sorprendente hasta qué punto responden a eso. Se trata más de lo que significa ser humanos —y lo que significan nuestras interacciones— que del currículo.»

A su vez, los estudiantes aprovechan las oportunidades, ya sean de trabajo cualificado o, por ejemplo, en el ámbito sanitario.

«Los chicos se han dado cuenta de que ahora mismo el mundo es un caos y de que el ámbito sanitario es un lugar en el que pueden ser útiles y productivos. Esta es una virtud común en los estudiantes con los que trabajo: no importa qué tipo de programa estén siguiendo, quieren marcar la diferencia.»

Es maravilloso ser testigo de cómo se identifica y se cultiva la fortaleza anímica de un estudiante. Cuando Mark aún enseñaba Música, tuvo un estudiante, Simon, que tocó la tuba a lo largo de toda la secundaria.

«Era un ser humano íntegro, un buen tipo que se llevaba bien con todo el mundo. Además, era físicamente grande; él era así, y su cuerpo formaba parte de su identidad. Cuando los medios se interesaron en mi conexión con el Premio Global a la Enseñanza, vinieron a la escuela y uno de los reporteros entrevistó a Simon. Y él dijo: "El señor Reid ha hecho de mí el mejor intérprete de tuba del mundo". ¡Obviamente, no era el mejor intérprete del mundo, tan solo se había dejado llevar por el momento! Pero volvamos al presente, siete años después. Simon y yo mantenemos el contacto y, junto a algunos de sus antiguos compañeros de la banda de música, fui a verle competir en un concurso de culturismo. ¿Un chico que en la secundaria pesaba 125 kilos? Ahora pesa casi la mitad, es todo músculo y no solo compitió, sino que ganó.»

Mark afirma que Simon sigue siendo la misma persona, pero que ha asumido la disciplina, la rutina y la autoconsciencia que consiguió como estudiante de música para alcanzar las metas que se ha impuesto como adulto. Simon es uno de los diez chicos que formaban parte de la banda de Mark y que crearon un vínculo sólido con su querido profesor.

«Son una anomalía estadística. Diez chicos que no han tomado drogas ni alcohol y no se han visto involucrados en embarazos adolescentes ni en actividades criminales. Se han convertido en adultos confiados y se dedican a tareas completamente distintas: finanzas, sanidad, educación, bienes inmuebles. Uno se muda a Nueva York para seguir trabajando con Apple, pero han permanecido en contacto estrecho. Cada cual aporta algo único al grupo y son sus campeones y admiradores mutuos.»

¿Cuál será su secreto? Mark cree que es la experiencia de estar juntos en una banda de música.

«Y casi todos formaban parte del equipo de voleibol, además de ser líderes de sección en la banda. Aprendieron lo que significa ser un equipo y eso no lo olvidaron.»

Cuando Mark compró una casa hace dos años, ello constituyó un hito en su vida, aún más especial por el ofrecimiento de ayuda por parte del grupo: seis de sus integrantes se presentaron para pintar y realizar la instalación eléctrica.

«Uno de ellos dijo: "Vamos a estar por ti porque tú estuviste por nosotros".»

Me hace pensar en una familia, tanto entre los diez estudiantes como por la constante conexión que tienen con Mark.

«Dos de los chicos perdieron a sus padres en la escuela secundaria, y el grupo los ayudó. Han trascendido los vínculos de la amistad para convertirse en una forma especial de familia.»

Mark sabe que es afortunado por haber sido testigo de esto y ser parte de esta «familia escogida».

Sé por experiencia que, a pesar de estas historias edificantes como la que Mark me acaba de contar, hay otros estudiantes que no siguen el camino que esperábamos. Como el fantástico flautista del noveno curso de Mark, Oscar, un estudiante reflexivo y perspicaz, libre de ego.

«Oscar tenía un don para su instrumento, era brillante, tenía un estilo y una técnica asombrosos. Seguía al pie de la letra cada una de mis instrucciones. Y al final del año casi me rompió el corazón descubrir que no quería continuar en la banda. Lo busqué y le dije que era el mejor flautista de catorce años al que había dado clase nunca y que tenía un futuro musical más allá de mí. Le dije que tenía talento y que a mí me gustaría poseer la mitad de su habilidad natural. ¿Y sabes lo que dijo? Dijo: "Lo sé y no me importa, no va conmigo".»

Entiendo hasta qué punto esto tuvo que resultar frustrante para Mark, pero no le quedó otra opción que dejar marchar a Oscar. En los años de secundaria que le restaban, Mark hablaba con Oscar y le decía que siempre habría un lugar en la banda si quería volver. Nunca lo hizo.

«Me preocupaba que Oscar no encontrara algo que le apasionara. Ahora es adulto y trabaja en una barbería en el centro. Me gusta apoyar a mis exalumnos, así que fui allí a cortarme el pelo. Fue importante para mí decirle: "Sabes que podrías haber sido un flautista extraordinario, pero no quisiste y está bien, lo he superado. Espero que te guste tu profesión". Él dejó lo que estaba haciendo y me habló con pasión de su trabajo, me contó que estaba a punto de abrir su propia barbería, y eso fue todo lo que yo necesitaba escuchar.» Oscar siguió su camino y abrió su propio establecimiento en el barrio donde creció.

Es fascinante cuando se habla del «chico que se marchó» y nos damos cuenta de que estos estudiantes encuentran su propio camino de algún modo. Lo que esperamos y deseamos para ellos no siempre es lo correcto. Mark ha pasado de persuadir a un estudiante para que dedicara más tiempo a algo que no lo hacía feliz a apoyar su decisión.

«Ahora pienso que está bien, si les importa seguirán con ello, y si no, lo dejarán. Es su decisión, y ellos averiguarán qué es lo que quieren; si no lo hacen, aquí estoy.»

Exactamente: aquí estamos.

Buena parte de la labor de un profesor consiste en descubrir e inspirar la pasión por la materia a sus estudiantes, pero Mark es categórico al respecto, sobre todo desde su conversación con Oscar.

«Lo que suelo decir a los jóvenes profesores es que durante mucho tiempo les hemos dicho a los niños que encuentren su pasión y luego la sigan. Y ahora no puedo evitar pensar que este es el peor consejo que jamás se le haya dado a alguien. En su lugar, deberíamos decir: encuentra tu pasión, lidérala, monetízala. Una vez que hayas encontrado tu lugar y estés viviendo una vida económicamente sostenible haciendo lo que amas, ¡no sigas tu pasión, lidérala!»

Estoy muy impresionada por la forma en que Mark ve las cosas desde un ángulo diferente y refuerza a sus estudiantes en el proceso. ¿Qué diría a los padres cuyos hijos tienen dificultades académicas o no encajan en el sistema educativo?

«Creo que debemos dejar de preguntar a los niños qué quieren ser de mayores y centrarnos en *quiénes* quieren ser. No se trata de encontrar su identidad a través del trabajo que hacen, sino de reconocer la importancia de las conexiones y las relaciones. Debemos mostrarles reconocimiento y apoyo a medida que encuentran su camino. A menudo, la prioridad es el currículo, pero si es a expensas de la humanidad en nuestros hijos, entonces es mejor olvidarlo.»

Maarit Rossi

69 años, Turku, Finlandia

«Les digo a los padres: "Sois un modelo para vuestros hijos, y la investigación afirma que si mostráis una actitud negativa hacia [por ejemplo] las matemáticas, esto tendrá un enorme impacto en los niños. Dejarán de esforzarse. Así que interesaos por sus deberes de matemáticas y, si tienen dificultades, pedidle a un amigo o a algún miembro de la familia que les ayude. Luego decidles que os enseñen cómo lo han resuelto. Así podéis darle la vuelta a la situación y sacar un resultado positivo".»

A Maarit le apasionan las matemáticas. En una carrera que se extiende a lo largo de cuarenta años, su misión ha consistido en hacer que las matemáticas sean accesibles para todos. Además de trabajar con jóvenes estudiantes, forma a educadores en su método para impartir la materia y continúa investigando en recursos innovadores para abordar el aprendizaje de las habilidades numéricas.

«Incluso después de todos estos años, estoy decidida a hacer las matemáticas más interesantes. Puedes abrir un libro y que el contenido te parezca muy aburrido si no lo entiendes. Por supuesto, aún necesitamos estos libros, pero he descubierto otras maneras de aprender. Creo que esto ha sido el segundo hallazgo más importante en mi carrera. El primero son los alumnos a los que les he dado clase.»

Como joven profesora en Finlandia, a Maarit le decepcionaba el currículo, la estructura de las lecciones y los métodos pedagógicos. En un viaje de trabajo con compañeros al Reino Unido, se enfrentaron a una tarea de resolución de problemas en la que fracasaron individualmente; pero juntos tuvieron éxito. Esto fue un catalizador para Maarit, que aplicó su descubrimiento a su propia clase.

«A los estudiantes les sirve el aprendizaje activo. Tenemos que cambiar la estructura de la clase, abandonar la idea de que el centro es el profesor y trasladar la atención al alumno, y entender que ciertos aprendizajes se benefician de un planteamiento más orgánico, en grupo, en el exterior o a través de un razonamiento práctico. Tiene que ver con ser un mentor, más que un profesor. Deberíamos guiar, no dirigir. En matemáticas, los estudiantes tienen que comprender la teoría básica, pero a continuación hay que empoderarlos para ponerla en práctica, y trabajar en grupo es clave. A menudo mis alumnos me buscan después de una clase y me preguntan qué vamos a hacer en la siguiente. No pueden ni esperar. ¡Esos momentos son los mejores!»

Maarit cree que cualquiera puede aprender matemáticas, pero que existe la concepción previa de que o se te dan bien o se te dan mal, y que esto puede aislar a los alumnos que se sienten poco fuertes en esta asignatura. Considera que los padres refuerzan esta actitud al decir: «Ay, a mí se me daban bastante mal las matemáticas», por lo que el niño da por hecho que a él tampoco le irá bien en esta asignatura. Soy consciente de que yo misma he cometido este error con mis hijos, así que ¿cómo evitar caer en esta trampa?

«Les digo a los padres: "Sois un modelo para vuestros hijos, y la investigación afirma que si mostráis una actitud negativa hacia [por ejemplo] las matemáticas, esto tendrá un enorme impacto en los niños. Dejarán de esforzarse. Así que interesaos por sus deberes de matemáticas y, si tienen dificultades, pedidle a un amigo o a algún miembro de la familia que les ayude. Luego, decidles que os enseñen cómo lo han resuelto. Así podéis darle la vuelta a la situación y sacar un resultado positivo".»

Otra forma de abordar con éxito esta asignatura en el aula es aplicar las matemáticas en un entorno práctico, en el que los estudiantes descubran la utilidad de sus destrezas con los números. Hace veinticinco años, Maarit creó un proyecto escolar con ayuda de la Cruz Roja. Se basaba en datos de un campamento de refugiados en África, y los alumnos tenían que averiguar qué alimentos y en qué cantidad necesitaba el millón y pico de personas que vivían allí, así como el coste, cuántas veces habría que enviar suministros y el número de conductores necesarios para esta labor. Esto enseñaba a los estudiantes lecciones en muchos niveles, no solo matemáticas. Maarit anima a los padres a asumir una actitud similar en casa, proponiendo a los niños tareas como calcular el consumo de agua semanal en el hogar o los ingredientes necesarios para hornear pan.

Maarit no solo se centra en las matemáticas, sino también en experiencias culturales y científicas, y ha organizado viajes para sus estudiantes, entre ellos una memorable excursión a Hungría. En esta ocasión, llevó a la clase de la que se había ocupado durante muchos años, por lo que los vínculos con esos alumnos eran estrechos. Los estudiantes de Maarit valoraron tanto el viaje a Hungría que crearon un álbum de recortes de su semana, que incluía todas las cosas maravillosas que habían aprendido y los recuerdos que habían atesorado, y se lo regalaron.

«Fue muy gratificante para mí. Era un grupo especial. En una semana aprendieron diez veces más que en la escuela. Una chica destacó por su ética de trabajo. Procedía de una familia monoparental y tenía mucho talento, pero no creía en ella misma. Creo que esto me impresionó porque mi madre me crio sola y sé lo difícil que resulta. Me he enterado de que esta alumna es ahora madre soltera y tiene mucho éxito en su trabajo.»

De todos los niños que crecieron bajo los cuidados de Maarit, hay una que recuerda con nostalgia. Tina era una estudiante difícil que luchaba con sus propios demonios. A pesar de su inteligencia, no le fue bien en los estudios, y cuando dejó la escuela, Maarit se enteró de que había empezado a tomar drogas. Maarit la vio dos veces en los años posteriores. La primera vez fue cuando Tina y un grupo de amigos, todos jóvenes veinteañeros, volvieron a la escuela con la idea de provocar alborotos en un evento en honor a los estudiantes. Una de las profesoras buscó a Maarit, ante la negativa del grupo a marcharse.

«Me acerqué al grupo y reconocí a Tina de inmediato, pero no dije nada. Todos estaban sucios, olían fatal y creo que habían consumido drogas. Les di la mano uno por uno, cosa que los sorprendió bastante, les expliqué que se trataba de un evento con invitación previa y les pedí que se marcharan. Y lo hicieron, en silencio.»

Tres años después, Maarit volvió a encontrarse con Tina. En esta ocasión era limpiadora en la escuela de Maarit, el mismo centro en el que había sido estudiante.

«Me alegró mucho verla. Hablamos largo y tendido. El problema de Tina siempre había sido su identidad. Era una chica, pero se sentía un chico, y estaba muy confundida. No sé cómo sobrevivió a ese desasosiego porque no me lo contó, pero, mientras hablábamos, supe que había encontrado el equilibrio en su vida.»

Maarit ha aprendido muchas lecciones en estos cuarenta años de enseñanza.

«Me gusta trabajar con niños porque son muy honestos. Y si surge un problema o un desacuerdo, se resuelve rápidamente y todo sigue su curso. Esto no sucede con los adultos. De hecho, una vez tuve que lidiar con dos chicas que se habían peleado y cuyas madres acudieron a mi despacho. Las madres se pelearon a su vez. Les dije que no iba a tolerar eso y las eché a todas.»

En términos generales, a Maarit le ha gustado implicarse con los padres de sus alumnos a lo largo de su dilatada carrera. Ha trabajado en cuatro escuelas diferentes, y ha sido directora de la última, la de Kirkkonummi, un pueblo a media hora de Helsinki. Tenía a su cargo seiscientos alumnos y cincuenta profesores. Cree que parte de la buena reputación de la escuela se debe a que los padres apoyan al personal docente y defienden la educación.

«Los padres querían saber cómo podían ayudar a los niños en casa y yo les expliqué que era muy sencillo. Basta con preguntarles cómo les ha ido el día. Qué han aprendido, si ha sido difícil, y qué es lo que quieren compartir contigo. Son preguntas muy simples. A veces los padres creen que deberían estudiar con sus hijos, pero no, los estudiantes deben asumir la responsabilidad de su propio estudio. Basta con que los padres se interesen y modifiquen ligeramente sus preguntas cada día, para evitar respuestas automáticas. Y que escuchen las respuestas que ofrecen sus hijos, porque de otro modo los alumnos empiezan a pensar que su trabajo no es importante. Hemos de escuchar bien.»

Ranjitsinh Disale

34 años, Barshi, India

«En definitiva, la educación significa aportar un cambio a la sociedad. Y si descubro que está pasando algo malo, mi deber y mi responsabilidad es intentar detenerlo.»

Ranjit nunca ha olvidado lo que le dijo uno de sus estudiantes. Rahul tenía nueve años y era un alumno de la diminuta escuela local de Paritewadi, en el distrito de Solapur, Maharashtra. Como muchos de los estudiantes de Ranjit, Rahul provenía de una familia de campesinos de hondas convicciones religiosas, y, pese a ser un chico tranquilo y pensativo, ejerció un gran impacto en su profesor. Cada día toda la clase almorzaba junta y compartía su almuerzo ligero de curri y arroz, y durante una de estas comidas Rahul habló de su fe.

«Explicó su creencia en el principio de la solidaridad; cuando Dios te da algo, hay que compartirlo, y esta acción te acercará a Dios. Yo lo llamo "la filosofía de Rahul", y ahora también creo en ella, en la experiencia de compartir, independientemente de qué sea lo que compartimos.»

Cada día Ranjit comparte su conocimiento con sus estudiantes y a cambio, explica, ellos le recompensan con su felicidad, con la satisfacción de sus padres y con la comunidad de personas que creen en él. Es una transacción poderosa. Y en cuanto a Rahul, ahora tiene dieciocho años y practica lo que predicaba cuando era pequeño, a la vez que mantiene el vínculo con su entorno rural y estudia Administración de Empresas aplicada a la agricultura, imbuido de la visión de progresar y modernizar el sector. Ranjit está increíblemente orgulloso de él y continúan compartiendo una relación de inspiración mutua.

En su juventud, Ranjit nunca imaginó que acabaría siendo profesor. Su sueño era ser ingeniero. Ingresó en la Facultad de Ingeniería con dieciocho años, pero resultó ser un ambiente difícil para él y tuvo que abandonar después de un semestre.

«Sufría acoso escolar. Yo era muy tímido, nunca salía de casa y no sabía cómo interactuar con los demás; en aquella época no era muy comunicativo. Me acosaron y me tuve que marchar.»

De vuelta en casa, el padre de Ranjit se preocupó mucho por sus estudios y su futuro, por lo que le hizo entrar en la universidad de formación de profesores más cercana. Esta no habría sido la primera opción de Ranjit. Su padre era profesor, y Ranjit conocía las dificultades que el cuerpo docente afrontaba en la India; entre ellas, se esperaba que construyeran las aulas, que adquirieran el equipamiento que la escuela necesitaba y que ofrecieran la comida del mediodía a sus estudiantes. Se era menos un profesor de escuela y más un empresario que tenía que lidiar con el trabajo administrativo, los vínculos con la comunidad y cuestiones prácticas y financieras.

Ranjit le dijo a su padre que tenía dudas, y llegaron a un acuerdo. Ranjit se concedió un periodo de seis meses y, si no le gustaba, podría entrar en otra Facultad de Ingeniería y tener la oportunidad de perseguir sus sueños. Sin embargo, estos seis meses en la universidad de formación de profesores fueron una revelación para él. Descubrió la diferencia que un gran profesor podía suponer en la vida de un alumno, la importancia del papel y del impacto que podía tener. Hubo un momento crucial en el proceso. Una mañana, al inicio del curso, el profesor pidió a los estudiantes que prepararan una lección de cinco minutos y se la presentaran a los demás en clase. Él fue uno de los primeros en ser convocado.

«Había preparado mi pieza, pero no podía hablar. Dije un par de líneas y mi cerebro dejó de funcionar. No podía continuar. Había perdido por completo la confianza en mí mismo y recuerdo mirar a mi profesor, con lágrimas en los ojos, con la esperanza desesperada de que me sacara del apuro y me dijera que volviera a sentarme.»

Por el contrario, su profesor pidió a todos que aplaudieran y corearan su nombre: «¡Ranjit! ¡Ranjit! ¡Ranjit!». La oleada de apoyo verbal y visible despertó algo en el cerebro de Ranjit. Dejó de llorar e hizo su presentación. Más tarde fue a buscar a su profesor a la sala de profesores, lo abrazó y volvió a llorar, esta vez con lágrimas de alegría. Su profesor dijo que su trabajo era dar confianza a sus estudiantes. Había visto algo que brillaba en Ranjit, y se había aferrado a ello, decidido a convertir a su alumno en profesor. Fue un momento ínfimo pero significativo, que no solo cambió la vida de Ranjit, sino que le permitió hacer lo mismo por los demás. Fue como renacer a la enseñanza.

Cuando Ranjit inició su trabajo como profesor, dispuso su aula en un viejo cobertizo para ganado que aún se usaba para alojar algunas vacas. No tenía nada: ni pupitres, ni sillas, ni equipamiento, ni electricidad siquiera. El propietario del cobertizo, un poderoso político local, lo había entregado voluntariamente al gobierno con el propósito de convertirlo en un aula. Ranjit sabía que podía transformarlo con ayuda de la comunidad, por lo que pidió ayuda financiera y práctica: sillas sobrantes, una mano con la pintura, donativos. Sabía que podía crear un espacio agradable. Aunque la enseñanza puede prosperar con muy poco, hay algo increíblemente importante en el entorno que un profesor crea. Los estudios se benefician sobremanera de un espacio de aprendizaje sereno y ordenado, rodeado de muestras de trabajo: ahí es donde ocurre la magia. Esto es exactamente lo que hizo Ranjit con el establo abandonado.

Entonces el político decidió que quería recuperarlo. Descubrió que el espacio estaba limpio y era funcional y no se sintió cómodo con la idea de que el profesor y los niños llegaran de otro pueblo. Ranjit se hundió en la desolación.

«Al principio le pedí que me dejara conservarlo, pero él tenía muchas dudas y se mostraba agresivo, así que me rendí. No quería responder al mal humor con mal humor. Un día llegué en una motocicleta, que un amigo me había prestado porque el viaje desde mi aldea era largo, y el político se presentó con sus hijos y la destrozaron. Y yo les dije: "No, por Dios, que no es mía, es de un amigo y no estoy en posición de pagarla".»

No puedo imaginarme lo terrible que este momento fue para Ranjit —lo cita como el punto más deprimente en su carrera como docente— ni lo difícil que debió de ser luchar tan duramente por un espacio para que los niños aprendan. ¿Cómo es posible que el político, un miembro respetado de su comunidad con hijos propios, cambiara de opinión respecto al humilde cobertizo que podría influir tanto en la vida de los jóvenes? Otros profesores no entendían las objeciones de Ranjit y le pidieron que no se quejara, porque la enseñanza podía tener lugar al aire libre; pero él no estaba de acuerdo.

«India pensaba en convertirse en una superpotencia. ¿Cómo era posible cuando vemos cómo se trata a los ciudadanos del futuro? Al principio lo pasé muy mal, especialmente con la mentalidad de los demás. Y pensé: "No, voy a impartir clase a mis estudiantes en un aula y quiero darles la mejor experiencia posible".»

Ranjit pudo reclamar el espacio en 2009, cuando el político reculó.

Ranjit ha pasado de dar clase a niños de entre siete y nueve años en una clase compartida con ganado a un espacio docente independiente y dotado de tecnología. Lo que no ha cambiado en este tiempo es su actitud y su enfoque respecto a los estudiantes, y jamás ha olvidado lo que su profesor universitario le enseñó en cuanto a inspirar confianza.

«Quiero vincularme con ellos de una forma más emocional, para comprender su contexto, su familia y su conducta al margen del aula.»

Enseñar en una aldea implica cierto nivel de respeto por parte de la comunidad, pero también familiaridad, y las puertas de los aldeanos siempre están abiertas a ellos. Esta relación no se detiene cuando el estudiante deja la escuela: Ranjit sigue aconsejando y apoyando a sus antiguos alumnos y a sus familias.

«Y creo que esto es muy relevante, porque sabemos que la educación se considera una fuente para resolver problemas. Por lo tanto, los problemas son omnipresentes, pero solo la educación aporta soluciones. No basta solo con enseñarles, sino que además hay que forjar relaciones que duren más allá de la infancia y de los años de la adolescencia. Así, mi labor diaria en clase consiste en compartir historias y relatos de vida que los estimulen para emprender grandes cosas.»

Rahul es un gran ejemplo. Ranjit había descubierto en él un potencial que quería ayudar a desarrollar, tal como hizo el profesor de Ranjit durante su formación. Llevó a Rahul y a otro estudiante, Shruti, a un proyecto de teatro iniciado por el gobierno, lo que significaba que tenían que utilizar el tren. Ni Rahul ni Shruti habían subido antes a este medio de transporte, y estaban emocionados por el viaje de tres horas que los esperaba. Soy consciente de hasta qué punto Ranjit trabaja para abrirles tantas puertas como sea posible y veo que quiere que den lo mejor de sí, pero para ellos mismos, no para su familia, su pueblo o su país. Me recuerda a mi propio enfoque y experiencia como profesora. Algunos de los niños de mi escuela no se han subido nunca a un autobús o a un tren, aunque hay una parada de metro al lado del centro educativo. Su comunidad local es su hogar y no se aventuran más allá de ella. Nuestro trabajo es mostrarles que hay un mundo más grande ahí fuera y permitirles explorarlo cuando estén listos.

De un modo similar, un sábado por la tarde un colega invitó a Ranjit a una boda y ya que, como le pasa a mí, nunca pierde una oportunidad de comer y bailar, aceptó. Cuando su compañero y él llegaron, descubrieron que la novia era una exalumna de Ranjit,

Priya, brillante en matemáticas y que solo tenía catorce años. Aunque los matrimonios con menores seguían siendo habituales en aquella época, eran ilegales, razón por la que el amigo de Ranjit llamó a la policía, que paró la boda y los arrestó a todos.

«Alguien le dijo a la familia de la novia que fui yo quien llamó a la policía y todos irrumpieron en la habitación de la casa en la que me alojaba. Fue una situación muy tensa. Un par de días después tuve que volver a llamar a la policía para solicitar protección.»

La policía se reunió con miembros de la comunidad para rebajar la tensión e invitó a Ranjit a unirse a ellos. Le comunicaron al grupo que la policía le autorizaba para informar de cualquier matrimonio ilegal con menores. Esto no era tarea de Ranjit, pero la policía vio en él su fuerza como profesor y como individuo.

«En definitiva, la educación significa aportar un cambio a la sociedad. Y si descubro que está pasando algo malo, mi deber y mi responsabilidad es intentar detenerlo.»

¿Y qué pasó con Priya? Ranjit descubrió que su madre la había obligado a casarse antes de tiempo porque la familia era muy pobre y habían encontrado a un marido rico. También querían protegerla del acoso sexual y mental no deseado (que empieza a temprana edad), por lo que pensaron que estaría a salvo si pasaba a ser responsabilidad del marido. Su matrimonio se canceló, Priya volvió a la escuela para acabar su educación, sintiéndose aliviada, pero preocupada por su futuro. Poco después su prometido se reunió con Ranjit.

«Me preocupaba que quisiera insultarme o pegarme, pero me dijo que yo le había impedido cometer un crimen que podría haberle llevado a pasar ocho años en prisión. No esperaba que fuera tan maduro. Le di las gracias. Se casaron cuando Priya cumplió dieciocho años, y ahora ella cursa un máster en Ingeniería.»

Todo lo que hace Ranjit lo hace con pasión, y anima a sus estudiantes a actuar así y a sus padres a que los apoyen en esta actitud.

«Les digo que, hagan lo que hagan, den lo mejor de sí mismos. Tanto si es algo importante como ínfimo, no importa, los animo a dedicarse en cuerpo y alma a ello. Una vida vivida así puede deparar grandes beneficios y enormes cambios.»

Creo que el superpoder de Ranjit consiste en dar a los demás la confianza exactamente cuando la necesitan, tal como él la recibió muchos años antes.

Andrew Moffat

50 años, Birmingham, Reino Unido

«Dentro de mi clase veo a los niños debatiendo, cuestionando creencias y exigiéndome responsabilidad a diario, y esto demuestra su creciente confianza en sí mismos, su pasión y su compromiso. Esto me hace pensar que sí estoy teniendo éxito.»

Andrew Moffat es un hombre con mucha personalidad. Nos encontramos hace unos años, cuando se sentó junto a mí en un autobús que llevaba a un grupo de profesores a una conferencia. Se produjo una camaradería a primera vista. Andrew, profesor de primaria británico que llevaba veinticinco años dando clase en Birmingham, fue nombrado miembro de la Orden del Imperio Británico en 2017 por su contribución a la igualdad en la educación. No es ajeno a la controversia, después de varios incidentes de gran difusión a lo largo de su carrera docente. Conversar con él acerca de su experiencia genera reflexiones tan profundas como, en ocasiones, impactantes, pero lo que destaca es su compromiso por aprender de estas situaciones, el cuidado y respeto que muestra hacia sus estudiantes y su amor por la profesión docente.

Como alumno en los setenta y los ochenta, Andrew fue sistemáticamente acosado por ser gay, aunque no salió del armario hasta llegar a la vida adulta. Esta temprana experiencia dio forma a la persona y al profesor en que se convirtió y lo determinó a ayudar a otros chicos con problemas. Creó un recurso pedagógico —*Desafiando la homofobia en la escuela primaria*— y enseñó el valor de la tolerancia, lo que provocó las quejas de muchos padres (algunos procedentes de comunidades cristianas y musulmanas), que afirmaron que Andrew era culpable de adoctrinamiento homosexual. Andrew asegura haber cometido dos errores.

«Aquello fue mal por dos razones. Número uno: me centré en una única cuestión, por lo que se vio como "enseñanza gay", algo que no era en absoluto, pero es difícil discutir cuando la palabra *homofobia* aparece en el título del recurso pedagógico. En segundo lugar, no hice partícipes a los padres. Yo era ingenuo, pensé: "¿Por qué voy a darle tanta importancia?". Pero, evidentemente, no todo el mundo navega en el mismo barco y tienes que ganarte a la gente.»

Andrew dimitió y prometió aprender de su comunidad la próxima vez y tender puentes para una mejor comprensión. Solicitó un puesto como director adjunto en otra escuela de Birmingham, pero fue muy claro respecto a sus intenciones desde el principio.

«Expliqué lo que había ocurrido en mi último empleo y afirmé que lo haría bien en este nuevo puesto, pero que aún tenía mucho trabajo que hacer en el ámbito de la igualdad. Les pedí que no me contrataran si en un año me iban a decir que era imposible hacerlo. Solo quiero que me contratéis si me vais a apoyar en esto.»

Le dieron el puesto y el apoyo. Hubo un artículo incendiario en prensa sobre la dimisión de su anterior trabajo, lo que desencadenó una oleada de interés mediático, pero lo sobrellevó admirablemente. Esto sucedió la semana antes de empezar su nuevo trabajo, así que fue a ver a la directora para disculparse, preocupado porque ella pudiera haberse echado atrás, pero «me dio un gran abrazo, me preguntó si estaba bien y luego me dijo que nos veríamos el lunes. "¡Eso es lo que quieres, ¿verdad?!"».

Animado por los retos que había superado y por los que se le avecinaban, Andrew fundó una iniciativa que tomó su título, «No Outsiders» [No hay Excluidos], de uno de los discursos sobre la desigualdad pronunciados por el arzobispo Desmond Tutu: «Todos forman parte, no hay excluidos, sin importar sus creencias, su color, género o sexualidad». Esto resonó profundamente en Andrew, que desarrolló un programa, utilizando como fundamento la Ley de

Igualdad del Reino Unido, que enseñaba a los niños de la escuela que todos son bienvenidos.

«No hay jerarquía; la Ley de Igualdad lo abarca todo, desde la raza y la religión hasta el género y las cuestiones LGBTQ+. Todos cuentan por igual. Se trata de la inclusión.»

El programa cobró impulso rápidamente, lo que llevó a que el Ministerio del Interior lo contratara para ir a Newcastle y abordar los problemas relativos a la Liga de Defensa Inglesa en trece escuelas de allí. La noticia se difundió y otras escuelas adoptaron «No Outsiders», y Andrew dedicó a esa labor un día a la semana.

«Podía haberme hecho autónomo y haber trabajado en el proyecto a tiempo completo, pero no quería dejar de dar clase. Quería quedarme en la escuela y conservar la credibilidad de ser profesor y seguir aprendiendo de esos desafíos.»

En la Nochebuena de 2018 la situación se complicó. El gobierno publicó una guía actualizada, y largo tiempo esperada, para que las escuelas primarias abordaran la educación sexual.

«No había realmente nada nuevo allí, aparte de un par de párrafos sobre familias del mismo sexo; todo era un tanto vago. La responsabilidad de abordar la cuestión recaía más en las escuelas secundarias que en las primarias, a las que se les decía que solo debían tratar el tema cuando lo consideraran apropiado. Eso era todo.»

En respuesta a la guía del gobierno, empezó a circular un vídeo de YouTube, filmado en la Conferencia de Unidad Islámica, afirmando que el cambio en el currículo era «una guerra contra la moral y contra nuestra espiritualidad [...] su esencia es un ataque a las familias».

«Era increíblemente incendiario, y cuando lo vi se me heló la sangre. Estábamos en vacaciones de Navidad, por lo que no había oportunidad de tratar el asunto con los padres hasta el próximo año. Para entonces se había intensificado.»

Uno de mis más sinceros deseos como profesora es que los padres confíen en nosotros y nos dejen hacer nuestro trabajo; creo que a menudo las preocupaciones tienen su origen en el miedo. Andrew temía que su trabajo con «No Outsiders» fuera eclipsado por el furor de la Conferencia. El primer día de la vuelta a clase habló con los padres y le tranquilizó saber que no había problemas. Las protestas comenzaron al día siguiente. Lo que en un principio eran tres madres en la puerta del centro, con un cartel que decía «Dejad de sexualizar a nuestros hijos», creció rápidamente.

«En el espacio de una semana teníamos a trescientos padres protestando a las puertas del colegio, desde las 8.30 de la mañana y durante toda una hora. Coreaban: "¡Echad al señor Moffat!". Todo intento de hablar con ellos por mi parte era filmado para subirlo a las redes sociales. Hubo todo tipo de acusaciones ridículas contra mí, todas ellas falsas. Fue horrible. El problema es que en realidad no querían escucharme.»

Andrew se había convertido en un chivo expiatorio. No puedo imaginarme cómo logró superar esta época, pero por suerte la escuela le brindó un apoyo incondicional. Lo peor para él fue ver a sus alumnos protestando junto a sus padres a las puertas de la escuela.

«En cierto sentido era muy emocionante para los niños gritar con sus padres: "¡Echad al señor Moffat!", pero luego tenían que entrar en el aula a que yo les diera clase. Fue una situación confusa y traumática para ellos.»

Andrew recuerda una reunión en la que empezó diciendo: «¡Buenos días a todos!», y fue recibido por un completo silencio.

«Los niños no fueron capaces de responder al saludo. Lo intenté otra vez y unos pocos miraron a los demás, pero nadie respondió. Fue agónico, y pensé si era apropiado hacer que lo dijeran. Pensé que sí, por lo que insistí: "Vamos, sabéis lo que tenéis que hacer. Intentémoslo una vez más, porque sería una lástima tener que practicar esto en vuestro tiempo libre". Lo hicieron a regañadientes. No fue lo ideal, y sugerí suspender este tipo de reuniones, pero la directora insistió en mantenerlas.»

Las acciones valen más que las palabras, y pronto Andrew encontró notas anónimas de apoyo en su escritorio, redactadas por los estudiantes que protestaban.

«Los niños no eran capaces de defenderme en público, pero querían que yo supiera que me apoyaban. Tenían su propia opinión y sabían lo que estaba bien y lo que estaba mal, lo que era cruel y lo que era amable. Fue una revelación y reforzó mi razón para ser profesor.»

Además de esto, y del fantástico apoyo que recibió de sus colegas docentes, la noticia se extendió a la comunidad local y más allá, lo que derivó en una efusiva muestra de amor.

«Mi escuela se vio inundada por tarjetas y regalos procedentes de todos los rincones de la sociedad, entre ellos otras escuelas, grupos LGBTQ+ y asociaciones religiosas, que agradecían el trabajo de nuestra escuela contra la desigualdad y el odio. Mi *feed* de Twitter explotó y se llenó de mensajes que me animaban a continuar. Las protestas me recordaron algunas de las mejores partes de ejercer la profesión docente y de ser un miembro de una comunidad mayor.»

Andrew es valiente y resiliente; creo que es uno de los educadores más asombrosos que he conocido jamás. Ha convertido «No Outsiders» en una organización benéfica, con la visión de «preparar a los jóvenes y adultos para la vida como ciudadanos del mundo, reducir el potencial del terrorismo y fomentar la cohesión de la comunidad». Cientos de escuelas en todo el país recurren a este servicio. En la actualidad Andrew divide su tiempo entre la docencia en un aula de primaria y la formación de compañeros para utilizar este programa.

«Mi primera diapositiva es siempre la última estadística de criminalidad. Aumenta cada año, el último en un nueve por ciento. ¿Por qué no se alza un clamor contra ello? No veo que nadie tenga un plan. Por eso yo tengo un plan, y es este: educación, educación, educación. Debemos enseñar a los niños a aceptar y disfrutar de la diversidad, y a no sentir temor de la misma. La idea de que un chico de mi clase golpee a otro dentro de diez años porque es negro, gay o transgénero... Mi objetivo es enseñar a los niños a ser amables y a sentirse parte de este país.»

No quiero ensombrecer la conversación, pero quiero saber si Andrew tiene la sensación de estar teniendo éxito. Su respuesta es entusiasta y tranquilizadora.

«Absolutamente. Sin ninguna duda, dado el número de escuelas que están haciendo mi trabajo. Y no solo eso, sino que, en mi propia clase, veo a los niños debatiendo, cuestionando creencias y exigiéndome responsabilidad a diario, y esto demuestra su creciente confianza en sí mismos, su pasión y su compromiso. Esto me hace pensar que sí estoy teniendo éxito.»

Andrew ha tenido su buena ración de dificultades, pero es consciente de que las historias de algunos de los niños son mucho más difíciles de soportar. Una de las alumnas que ejerció un mayor impacto en él fue Jane, de seis años, que iba a ser adoptada e iba a dejar la escuela. Ella estaba entusiasmada y sus compañeros de clase le prepararon una gran fiesta de despedida. Pero, al cabo de unos meses, la adopción no prosperó y Jane regresó.

«Fue la cosa más terrible que le podía pasar, ya que realmente quería una familia. Le encontraron otro hogar y todos estábamos muy nerviosos. Pero en esta ocasión los futuros padres me visitaron varias veces y eran encantadores. El último día de Jane, sus nuevos padres pasaron a buscarla y nos hicieron una foto juntos. No volvimos a saber de ellos, y esperé de corazón que todo le fuera bien a esa pequeña. Pasados muchos años, me encuentro sumido en la vorágine de las protestas públicas cuando me llega un mensaje de la madre de Jane. Me había visto en las noticias y quería que supiera que ahora su hija es una adulta feliz con un buen empleo, marido y un hijo. Y la fotografía de nosotros dos sigue pegada en la puerta de su frigorífico. Su madre me transmitió todo su amor. De esto es de lo que va enseñar, ¿no?»

Andrew está acostumbrado a situaciones complicadas. Durante siete años dirigió una unidad de comportamiento, para intentar que los niños excluidos de la educación convencional regresaran a ella.

«Está asociada a la escuela, por lo que podemos reintegrarlos antes de que lleguen a secundaria; sin embargo, no siempre funciona así.»

Un chico, Scott, en un principio se encontraba en otra unidad de comportamiento. Cuando Andrew se reunió con él, Scott había trepado por el mueble hasta el techo y se negaba a bajar.

«El profesor me dijo que es lo que suele hacer, es imposible hacerlo bajar. Y yo pensé: "Bueno, ya lo veremos". No me rindo fácilmente. Scott fue una de nuestras primeras historias de éxito. Me envió un mensaje cuando vio las protestas en la prensa, y eso significó mucho para mí.»

Tener confianza es una habilidad vital a la que Andrew quiere que todos podamos acceder.

«Cuando tenía trece años solía esconder mis discos de ABBA cuando mis amigos venían a casa, porque me aterraba lo que podrían pensar de mí. Y, como adulto, la experiencia de la protesta afectó a mi confianza como profesor. Salí del aula y me centré en «No Outsiders» por un tiempo, pero estar alejado de la enseñanza en el día a día hizo que me resultara más difícil superar lo que había sucedido antes. Así que regresé, y fue lo mejor que podía haber hecho. Estoy muy orgulloso de ser profesor.»

Yo siento lo mismo. Por todo lo que hemos conseguido hasta ahora y por los planes que tenemos para el futuro, cuando más llena me siento es en el aula, con mis estudiantes. Es una mezcla de reto, terapia y crecimiento. ¡También es agotador y me obliga a estar alerta, pero me mantiene joven!

«¡Exactamente! Te tiene que encantar lo que estás haciendo —explica Andrew—. Es un trabajo duro, pero lo que deseo es estar allí cada día. En realidad, me encanta ser el señor Moffat...»

Doy las gracias por la presencia de señores Moffat en nuestras escuelas.

Maggie MacDonnell

Nueva Escocia, Canadá

«Es imposible que yo sea una experta en su realidad, pero puedo ser una experta en soñar con ellos.»

Salluit es una remota comunidad inuit situada en la región ártica de Nunavik, Quebec, Canadá. Las temperaturas pueden alcanzar los -60 °C, con un invierno que dura más de ocho meses. Cercana a la bahía de Hudson, es el hogar de una creciente población inuit de casi 2.000 habitantes. Los inuit son el pueblo indígena que ha vivido en esta región durante 15.000 años, pero las prácticas coloniales han provocado una gran conmoción en las últimas generaciones. La tundra circundante te quita el aliento, así como las inquietantes historias de trauma colonial que muchos residentes albergan en su corazón. Todo esto se refleja en la alta tasa de desempleo, de agresiones sexuales, de desigualdad de género, de pobreza y en el creciente número de suicidios en adolescentes.

Maggie MacDonnell, oriunda de Nueva Escocia, empezó a trabajar allí como profesora después de obtener un máster en la Universidad de Toronto. Maggie había trabajado y había sido voluntaria durante muchos años en el campo del desarrollo comunitario en África Oriental, donde había adquirido nuevas destrezas y había conocido el devastador impacto de la colonización. Sus estudios universitarios la llevaron hacia cuestiones de género, inclusión, raza y empoderamiento. Como mujer blanca canadiense, también quería comprender mejor la historia de su propio país, en gran medida basada en la opresión hacia los grupos indígenas.

«Trabajaba en el ámbito del desarrollo comunitario en África Oriental, pero creía que estos mismos planteamientos también serían útiles en Canadá. Pensé que quizá podría establecer vínculos con algunas de las comunidades indígenas de mi país. Es de sobra conocido que hay una carencia crónica de profesores en esas comunidades aisladas, por lo que eso representaba una forma de conectar con ellas.»

Era consciente de que la mayor parte de los desafíos a los que se enfrentaban los inuit hundían sus raíces en la historia colonial y que, en consecuencia, los jóvenes afrontaban muchos traumas. Históricamente, las familias inuit habían sido desplazadas por el gobierno y confinadas en asentamientos en los que se les prometía vivienda, educación y atención sanitaria. Sin embargo, las comunidades fueron abandonadas y las promesas se rompieron, lo que desencadenó innumerables traumas y una gran ira y desconfianza hacia el gobierno. Y no solo eso: sus hijos les eran arrebatados.

Solo en los últimos años había salido a la luz ante la opinión pública de Canadá la verdadera dimensión de la atroz violencia y represión sufrida por la comunidad inuit, y Maggie sentía una rabia contenida por esta razón.

«Generación tras generación, arrebataban a los niños indígenas de sus familias y sus hogares a los cinco o seis años y los enviaban a internados a miles de kilómetros de distancia. Estas escuelas las gestionaba la Iglesia católica u otra organización religiosa cristiana, con el apoyo del gobierno.»

A los niños no se les permitía hablar su lengua y se les despojaba de todas sus referencias culturales. También hay historias terribles de chicas jóvenes embarazadas por los sacerdotes que dirigían la escuela, los mismos hombres que asistían al parto y arrojaban a los bebés a la incineradora. El último de estos centros cerró en 1996.

El estremecedor descubrimiento de fosas comunes de niños inuit en estas escuelas a lo largo y ancho de todo Canadá saltó a las noticias nacionales e internacionales en 2021. Evidentemente, los supervivientes indígenas de estas escuelas ya contaban estas historias, pero sus experiencias eran ignoradas o minimizadas. Ahora hay innegables evidencias físicas y, en virtud de lo que ahora se conoce públicamente, está considerado un acto de genocidio.

«Llamamos a los adultos que pasaron por este sistema escolar "supervivientes de los internados", porque muchos niños no vivieron para contarlo. Y los supervivientes compartían el recuerdo de ser obligados a cavar agujeros en los campos que rodeaban las escuelas, y que de forma habitual algunos compañeros desaparecían. Muchos niños jamás volvieron a casa. Creo que hasta ahora se han encontrado los restos óseos de setecientos alumnos en todo el país, pero se espera que el número crezca significativamente: lo más probable es que se encuentren miles y miles. Sigue habiendo una gran tensión racial y una profunda desconfianza hacia los colonos blancos. Algo muy comprensible.»

Los estudiantes a los que Maggie daba clase no solo portaban dentro de sí este trauma intergeneracional, sino que aún vivían en un sistema fallido.

«La educación está infrafinanciada, el sistema sanitario es un desastre, el acceso a internet es deficiente y no hay autopistas para acceder al Ártico norte. Esta gente afronta terribles dificultades económicas, sociales y medioambientales.»

Cuando Maggie empezó a dar clase allí, sus alumnos intentaban sobrevivir a la inseguridad alimentaria, la crisis de la vivienda (con muchos niños acogidos en hogares de familiares o amigos) y una profunda desconfianza hacia el sistema educativo.

«Aunque en la actualidad la mayoría de las escuelas están gestionadas por inuit, la financiación sigue en gran medida controlada por el gobierno. Aún queda un largo camino para generar confianza, ya sabes; no es de extrañar que no haya una gran expectativa cultural para que los niños vayan a la escuela. En muchas comunidades, la tasa de abandono escolar puede alcanzar el noventa por ciento.»

El número de jóvenes que se quitan la vida ha estado y sigue estando en un punto crítico. Sin duda, la situación más dura que Maggie ha afrontado ha sido la pérdida de alumnos que se suicidaban. Ella acudía a sus funerales y al día siguiente volvía a clase, donde se encontraba con una silla y un pupitre vacíos.

«Ir al funeral de estudiantes que se han suicidado es estremecedor, y también crea una sensación de urgencia. Yo sabía que teníamos —la escuela y yo misma— que cambiar para afrontar mejor las realidades de nuestros estudiantes. No pienso en términos de cuántos estudiantes se gradúan. A veces me siento vencedora por el mero hecho de que sigan vivos. Recuerdo preparar una tarta de cumpleaños para una alumna y que ella me dejara de piedra cuando dijo: "La verdad es que nunca pensé que llegaría a cumplir dieciséis". Había perdido a tantos amigos porque se habían suicidado, que daba por hecho que ese iba a ser también su final.»

Maggie me cuenta lo que ha aprendido de sus estudiantes más resilientes. Cuenta la historia de un alumno, muy querido en la comunidad, que se quitó la vida. Cuando se enteró, pensó inmediatamente en todas las personas cercanas que podían verse afectadas y que podrían querer emularlo.

«Fue un momento trágico. Tanto para el chico como para su familia y sus amigos. Mi mente bullía, intentando hacer una especie de mapa mental de sus vínculos y relaciones, y hasta dónde podía llegar el impacto de lo sucedido.»

La persona por la que Maggie estaba más preocupada era el hermano mayor del chico. Los otros estudiantes formaron un escudo protector a su alrededor, haciendo turnos para acompañarlo dondequiera que fuera y relevándose en momentos diferentes. Esto no era instigado por un profesor o un padre, sino que era la forma en que los niños respondían emocionalmente.

«Era una especie de horario no oficial en el que nunca le dejaban solo, cuando se marchaba de la escuela e iba al gimnasio, o salía del centro juvenil para cenar en casa de su primo... Sabían que estaba vulnerable y lo cuidaban. Nunca olvidaré su compasión, su trabajo en equipo, su absoluta comprensión de la situación. No es fácil estar con alguien que está sufriendo tanto que puede querer alejarte. Permanecieron firmes y se encargaron de mantener con vida a ese chaval, tal como yo lo vi.»

Maggie cree que los adolescentes son los verdaderos asistentes de primera línea en cualquier crisis sobrevenida a los jóvenes; saben mucho más que un trabajador social, un asesor o un enfermero, e instintivamente intuyen cómo tratar cualquier problema por muy gordo que sea.

«Yo tenía que observar y escuchar. Necesitaba dos ojos, dos oídos y una boca que no emitiera juicio alguno. Me limitaba a observarlos y conocerlos, y a conectar con ellos como podía, incluso a través de las redes sociales.»

A Maggie le asignaron una clase alternativa de chicos que corrían el riesgo de abandonar los estudios o que lo habían hecho ya. Se enfrentaba al grupo de alumnos de entre once y dieciocho años más difícil, problemático, apático y desilusionado que se pueda imaginar, y ella era su última oportunidad de recibir una educación formal.

«Necesitaba conectar sinceramente con estos chicos más allá de las razones históricas por las que ellos no querían conectar conmigo. Con su permiso, quise acercarme a ellos y a su comunidad y, si me permitían profundizar, tal vez la magia se abriera paso.»

Al principio fue increíblemente complicado intentar encontrar formas de comunicarse con ellos, pero luego tuvo una pequeña epifanía.

Tenía suerte de trabajar en una clase basada en proyectos que le otorgaba la libertad de enseñar de una manera no convencional; llamaba a su clase «Destrezas vitales». Quería empoderar a sus estudiantes a fin de que se convirtieran en agentes del cambio y utilizaran la educación para crear una mejor realidad para ellos mismos.

«Descubrí que la mayor parte de mi clase estaba formada por una banda de ladrones de bicicletas, y supe que en la comunidad había mucho resentimiento hacia ellos. Decidí considerar su conducta como un activo, un talento, algo esperanzador. ¡En lugar de verlos como ladrones los vería como chicos a los que les gustan las bicicletas! Magnífico, vamos a trabajar con esto.»

Maggie creó un taller de bicicletas, y un mecánico que se describía a sí mismo como anarquista la ayudó. Su actitud era el exacto opuesto al profesor estereotipado al que le gusta el orden, la disciplina y la rutina. Ella tenía claro que él sabría cómo comunicarse con los chicos con los que trabajaba, y se garantizó la financiación necesaria para pagarle por tres semanas.

«Es imposible que yo sea una experta en su realidad, pero puedo ser una experta en soñar con ellos.»

El primer día del taller de bicicletas se presentaron tres alumnos. Al segundo día, solo dos; pero, al cabo de una semana, los quince estudiantes de Maggie estaban en clase. Comenzaron a arreglar y construir sus propias bicis y a crear rampas y senderos.

«La comunidad descubrió que los chicos estaban tan felices con sus propias bicis que habían dejado de robar las ajenas. Y entonces sucedió algo aún más sorprendente: la gente empezó a llevarles sus bicicletas para que las arreglaran. Las mismas bicis que mis alumnos solían robar. Tal como me gusta expresarlo, no solo aprendían a arreglar bicis, estaban aprendiendo a enmendar su relación con la comunidad.»

Encontrar un camino para estos jóvenes, utilizar algo que amaban, fue un gran logro para Maggie, pero ser capaz de conseguir que toda esta energía operara en beneficio de un bien mayor era como «ir en un tren mágico hacia la felicidad», según sus palabras.

Maggie también recurrió al ejercicio como herramienta de afrontamiento para ayudar a los estudiantes a lidiar con la depresión y el estrés crónico al que estaban sometidos. Llevó el proyecto de las bicicletas un paso más allá e inició un programa de nutrición escolar.

«Encontré una bicicleta increíble a la que podías conectar una batidora, de modo que, mientras pedaleabas, la batidora funcionaba. Todos hacían fila para preparar batidos. ¿Sabes cuánta energía tiene un chico de séptimo curso? Yo canalizaba esa energía en un pedaleo de veinte minutos que producía cien batidos, y mis estudiantes los distribuían por toda la escuela. Así que los otros estudiantes, en lugar de evitar a mis alumnos "problemáticos" a toda costa, les decían "Oye, Joey, ¿puedes hacerme un batido de frambuesa?". Creé roles de liderazgo útiles para mis estudiantes allí donde podían ayudar a sus compañeros. Esto cambió toda la dinámica. Ya no eran los aterradores matones ladrones de bicicletas: ¡te arreglaban la bici y te preparaban batidos deliciosos!»

Otro tanto ocurrió con el programa de deportes diseñado por Maggie, que incluía un club de atletismo gracias al cual los alumnos dejaban de fumar y que tuvo como resultado que los estudiantes corrieran (y ganaran) maratones en todo el mundo.

«Siempre les he dicho a mis alumnos que cuando corres solo vas rápido, pero cuando corres con otros llegas más lejos. Es un refrán de Tanzania. Contiene un profundo mensaje comunitario y colectivista.»

Todos los programas que ha implementado tienen que ver con que los estudiantes cultiven la resiliencia, la esperanza y la creencia en ellos mismos. Pero quiero saber cómo transmitió a estos estudiantes fe en su futuro. No hay muchas personas con la energía y la fuerza para trabajar en una escuela y en una comunidad como la elegida por Maggie. ¿Qué fue lo que la impulsó a hacerlo?

«Tengo la suerte de ser canadiense y de disfrutar de este tremendo privilegio, y sin embargo hemos de reconocer que nos beneficiamos de la experiencia previa de otros. Espero que esto no suene al típico complejo de salvador de las personas blancas, eso no tiene nada que ver con lo que soy ni con aquello en lo que creo. Se trata de ser humanos. Creo que tenemos la enorme responsabilidad de abrir los ojos ante las injusticias sociales. Estoy convencida de que una vida que vale la pena vivir es una vida que vale la pena explorar, incluso si es complicada, fea y turbia, y nosotros, como nuestra vida, somos imperfectos. Se trata de vivir una vida auténtica.»

No puedo imaginar a un estudiante que no se vea cautivado y cambiado si Maggie ha formado parte de su vida. Como el alumno que pasó de ir constantemente al despacho del director y ser expulsado a convertirse en un licenciado que trabaja como profesor ayudante en la escuela. Este es solo un ejemplo del impacto que ha tenido la docencia de Maggie.

«Mis alumnos me han convertido en una mejor persona. Me han enseñado muchas cosas sobre mí misma y sobre el mundo. Ya sabes, la gente viene al Ártico y se queda hipnotizada por el paisaje, pero a mí lo que me inspira son los jóvenes de aquí. Creo que ellos son las verdaderas auroras boreales.»

Bien dicho, Maggie, mujer profunda, valiente y maravillosa.

Peter Tabichi

40 años, Nakuru, Kenia

«Nunca te rindas. Sigue buscando la mejor solución para ayudarlos. A veces tengo que pensar en formas creativas de implicarlos, y entonces soy testigo de los cambios.»

Peter Tabichi afirma que para ser un gran profesor hay que hablar menos y actuar más. Como monje franciscano, practica esta filosofía en todos los aspectos de su vida, así como en su trabajo como profesor de ciencias, matemáticas y física en una pequeña escuela rural de Kenia. Dona el ochenta por ciento de su salario a iniciativas de la comunidad local centradas en educación, sostenibilidad y paz, y le apasiona crear una vida mejor para sus estudiantes. Peter fue galardonado con el Premio Global a la Enseñanza un año después de mí, y no podía haberle entregado el relevo a un sucesor que lo mereciera más. Una hora en su compañía es un regalo inspirador y de un valor incalculable; cada vez que habla me levanta el ánimo.

Hijo de un profesor, Peter sabía que esta carrera era su destino. Perdió a su madre cuando aún era un niño, en una edad difícil para afrontar una pérdida tan devastadora, y sintió que todo su mundo había quedado destruido. Fue solo uno de los desafíos a los que se tuvo que enfrentar mientras estudiaba —primero en la escuela primaria y la secundaria, y después en la universidad—, y habla de cada etapa con mucha sorpresa por haberla superado y avanzado a la siguiente. Dice que una mezcla de milagros y el apoyo de su padre y sus profesores fue la que lo hizo posible.

«Ni siquiera sabía si iba a poder acabar la escuela primaria. Crecí en un entorno muy humilde y era difícil obtener educación de calidad. Yo tuve suerte. Creo que, si te encuentras en un entorno complicado, de ahí puede surgir una transformación positiva. No hay que quedarse atascado ahí. De otro modo, ¿qué estamos resolviendo?»

Peter da clases en una comunidad similar a aquella en la que creció. Financiada por el gobierno, la escuela secundaria diurna mixta Keriko se encuentra en el semiárido pueblo de Pwani, enclavado en una remota zona del valle del Rift, en Kenia, donde la población se enfrenta a la sequía, la hambruna, la pobreza y la falta de alimentos. Niños de diversas religiones y culturas afrontan muchos obstáculos, entre ellos tener que caminar grandes distancias para ir a clase cada día. La mayor parte de los estudiantes de Peter proceden de familias pobres —casi un tercio son huérfanos—, y son vulnerables al consumo de drogas, el suicidio, el matrimonio siendo menores de edad y el embarazo adolescente. El optimismo de Peter no disminuye con la dureza y la falta total de instalaciones e infraestructuras disponibles, tanto en casa como en la escuela. Es una situación a la que está muy acostumbrado.

«Cuando yo era pequeño mi escuela era una choza de barro y no teníamos casi nada, ni biblioteca, ni electricidad, ni zapatos ni tan siquiera un suelo de madera. Todo estaba cubierto de polvo, todo el tiempo; incluso en nuestra saliva había polvo. Todo lo que aprendíamos procedía de los profesores que teníamos delante, dependíamos de ellos.»

Peter se ha convertido en el maestro que tuvo y en algo más. Ha establecido una serie de clubes para beneficiar a diferentes secciones de la escuela y la comunidad en general, y todos ellos han tenido un gran éxito. Su club de ciencias venció a algunas de las mejores escuelas del país en la respetada Feria de Ciencia e Ingeniería de Kenia en 2018; su aparato de medición, que ayudaba a las personas sordas y ciegas, ganó el primer premio. El equipo se clasificó para la feria internacional en Estados Unidos, además de ganar un premio por generar electricidad a partir de las plantas. En ese momento, Peter expresó lo inmensamente orgulloso que estaba de sus estudiantes, sobre todo por haber logrado tanto con tan poco, y, como profesor, destacó la importancia de tener un impacto positivo, no solo para el país, sino para toda África. Este planteamiento más amplio se refleja en su trabajo fuera del aula, donde enseña a la comunidad agrícola local a plantar cultivos resistentes para combatir la hambruna, y a través de su trabajo de fomento de la paz contra la violencia tribal, uniendo a los estudiantes de las siete tribus a través de asambleas compartidas y animándolos a liderar las ceremonias por turnos.

En el tiempo en el que llevaba dando clase en la escuela, las inscripciones se habían doblado y la conducta había mejorado sustancialmente, lo que, en opinión de Peter, demuestra que todo tiene que ver con empoderar a cada alumno de manera que llegue a creer en sus posibilidades.

«Si los estudiantes entienden que trabajan para alcanzar cierto objetivo, en cuanto lo comprenden, te ofrecerán a ti, el profesor, su apoyo, y todos podremos esforzarnos para cumplir ese objetivo.»

Es consciente de que su éxito reciente ha animado directamente a sus estudiantes y les ha abierto los ojos a sus posibilidades; y no solo a ellos, sino a toda la comunidad.

«Y ahora estoy en una posición influyente, la gente lo percibe y eso cambia las cosas.»

Los fines de semana Peter visita a los estudiantes que necesitan ayuda o apoyo extra. Como ocurre en muchos casos, a menudo viven en una habitación con el resto de la familia o comparten un espacio con otras familias, de modo que hay poca privacidad o silencio para estudiar. Él es consciente de que nosotros vemos las dificultades de esta situación «porque podemos compararlo con otras cosas, pero para ellos está bien, se organizan y son felices, y esto es lo que conocen». Sin embargo, resulta duro ser testigo de la falta de comida, agua, vestimenta, luz y materiales de estudio, requisitos básicos que cualquier niño debería tener independientemente de la vida en la que haya nacido. Para los padres y los niños es difícil priorizar la escuela cuando no saben de dónde van a sacar su próxima comida. Peter afirma que entienden el valor de la educación, pero que «lo importante para ellos es acceder al dinero. Y a la comida. Eso es todo».

Los tiempos están cambiando, eso sí, y la generación más joven es consciente de que la educación es su mejor oportunidad, no solo para sobrevivir, sino para prosperar. Peter no ceja en su empeño por que haya más chicas en clase. La escuela puede considerarse una pérdida de tiempo para las chicas, porque pueden casarlas a los dieciséis años, por lo que cambiar esta actitud ha sido una de sus principales prioridades. En los últimos años su trabajo ha dado sus frutos, y las chicas superan a los chicos en los cuatro exámenes anuales de la escuela, pero reconoce que aún queda trabajo por hacer en el seno de las culturas tribales.

«Buena parte de la cuestión tiene que ver con el dinero que se espera que el novio desembolse, ya sea en forma de ganado, de propiedades o de efectivo. Es una tradición difícil de romper. Esta es la razón por la que muchas veces los padres no dan prioridad a la educación de sus hijas.»

Preguntarle a Peter de qué logro se enorgullece más le hace sonrojarse. Es increíblemente humilde y se siente incómodo hablando de sí mismo, por lo que redirige de inmediato la pregunta hacia el éxito de sus estudiantes y cómo han superado la reciente pandemia. Aquellos que han llegado a cursar una educación superior ahora se mezclan con estudiantes de entornos más privilegiados y escuelas con abundantes recursos, y sin embargo los alumnos de Peter son igual de competentes y están igual de cualificados para estudiar allí. Esto es lo que le hace sonreír con una sonrisa amplia y brillante que irradia alegría.

«Cuando veo a mis alumnos en la universidad o participando en competiciones nacionales e internacionales, cuando veo que tienen éxito, pienso en sus orígenes y en lo que se puede conseguir. Para mí se trata de un gran resultado, me colma con la esperanza de que lo que estoy haciendo no es en vano.»

Esto no significa que no haya fracasos. Peter me habla de una estudiante, Mary, que trabajó duro con un equipo en un proyecto de ciencias y que se sintió desolada cuando se clasificaron para el campeonato internacional, pero no había financiación para que pudieran ir. Fue una dura lección, especialmente porque al año siguiente sus compañeros sí obtuvieron los recursos económicos para viajar a Estados Unidos, mientras que ella se quedó ahí viéndolos irse.

«Le dije a Mary que aquello no era el final, y ella escuchó y trabajó duro, aunque estaba desilusionada. Un año más tarde, su equipo y ella tuvieron la oportunidad de ir a Estados Unidos y mostraron su proyecto a instituciones y escuelas de medicina. Les enseñaron a hacer una presentación y acabó dándoseles mejor que a mí, y eso es lo que quiero, que consigan cosas y lo hagan mejor que yo mismo. Y Mary no se rindió. Ahora está en Estados Unidos con una beca y me envía sus calificaciones, que son excelentes.»

Al estar con Peter, recuerdo aquello de triunfar sobre la adversidad, tanto para él mismo como para aquellos que han tenido la suerte de ser sus alumnos, y me pregunto qué es lo que ellos dirían de su profesor. Le explico que soy consciente de que se trata de una pregunta difícil.

«¿Tal vez que les enseño a tener confianza y curiosidad? Y a relacionarse con los demás. A utilizar su poder también para beneficio de los otros. Se trata de tener autoconfianza y humanidad a pesar de los desafíos a los que todos nos hemos enfrentado al crecer en la pobreza; ese no es el final, van a tener éxito y la vida va a cambiar.»

Es evidente cuánto valoran a Peter sus alumnos, tanto los actuales como los anteriores, y cómo cada nueva noticia de sus antiguos estudiantes es un impulso para él.

«Veo una gran transformación desde sus inicios en la escuela hasta ahora. Y lo que es mejor: son un reto para mí. Es muy estimulante.»

El maestro de la humildad.

Hay una larga lista de personas que han dado forma e influido en el hombre que Peter es hoy, pero él destaca a tres. La primera es su padre, que lo educó para que se tomara sus estudios en serio, pero también para que aprendiera a vivir con los demás y a respetarlos, a ser un buen cristiano.

«Él me inculcó un sistema de valores del que se deriva mi planteamiento integral de la educación. Si alguien viene a ti en busca de comida, le das comida hoy y al día siguiente vuelve a tener hambre, por lo que miras a largo plazo, miras el futuro de esta persona y de estos niños.»

Afirma que su segunda inspiración fue la activista keniata y profesora Wangari Maathai, la primera mujer africana en recibir el Premio Nobel de la Paz, en 2004.

«Sentí que si alguien podía salir de mi tipo de entorno y compartir algo a nivel mundial, tal vez algún día yo podría lograr algo a esa escala.»

Nelson Mandela es su tercera gran influencia, en especial por el sacrificio personal que hizo por los demás. Esto le marcó mucho a Peter. Él cree que poner a los demás en primer lugar y compartir lo que tienes hace que las personas tengan miedo de lo que podrían perder, pero si asumen el riesgo, serán personas más felices y armoniosas.

«Siempre se preguntan: "¿Qué voy a conseguir yo? ¿Qué voy a sacar de esto?". Intentan encontrar estrategias para beneficiarse a sí mismos, pero ¿y si pensamos en los demás? Haríamos del mundo un lugar mejor y más pacífico.»

La palabra que mejor define lo que hace Peter es *inspirar*, en todos los sentidos. Crea un espacio para que sus alumnos puedan vivir y respirar tranquilos y además les insufla una fuerza vital que los ayuda a prosperar. Creo que esto es lo más extraordinario de su persona, cómo su carácter positivo y su entusiasmo contagian a quienes se acercan a él. Se niega a rendirse incluso cuando se enfrenta a los estudiantes y las situaciones más complejas.

«Nunca te rindas. Sigue buscando la mejor solución para ayudarlos. A veces tengo que pensar en formas creativas de implicarlos, y entonces soy testigo de los cambios. No se trata de ser el profesor que te han formado para ser, sino de ir siempre un paso más allá. Es duro, claro que lo es, y puede sobrecargarte de trabajo, pero hemos de seguir pensando en una manera de avanzar y escuchando las ideas de las personas que nos rodean.»

Esther Wojcicki

82 años, Palo Alto, Estados Unidos

«Dejad que los niños jueguen después de la escuela. Parad de apuntarlos a tantas actividades extraescolares y dadles la oportunidad de jugar, porque, en mi opinión, para los niños el juego es una forma de investigación. Una manera de aprender a conocer el mundo.»

Esther Wojcicki es una destacada profesora, periodista y autora estadounidense, madre de tres hijas, que ha escrito un bestseller sobre crianza, *Cómo educar a personas de éxito: lecciones simples para resultados espectaculares*. Una pionera de la educación, Esther se atrevió a ser diferente, y continúa ampliando los límites y buscando alternativas a la docencia tradicional. Mi tipo de mujer.

Esther nació en Nueva York en 1941, hija de inmigrantes judíos rusos, y fue la primera en su familia en ir a la universidad. Estudió Filología y Ciencias Políticas en la Universidad de California, Berkeley, y obtuvo una doble licenciatura; también se sacó un máster en Periodismo. Su más profundo anhelo era ser periodista.

«Ese era mi objetivo. En los años setenta era muy difícil que las mujeres trabajaran como periodistas, ya que era una profesión dominada por hombres. Ni siquiera pude ingresar en el colegio de periodistas de San Francisco porque era una mujer. No pude hacer muchas cosas por esa razón.»

En aquella época, explica con naturalidad, el trabajo de una mujer era casarse y tener hijos, y eso es lo que hizo; y decidió que, si no podía ser periodista, enseñaría a los demás a serlo. Encontró trabajo en la Escuela Secundaria de Palo Alto como profesora de inglés, matemáticas y periodismo, y muy pronto le sorprendió que su propio método de enseñanza —menos jerárquico que la norma y donde a los estudiantes se les permitía expresarse como quisieran— fue un éxito. O al menos lo fue para los estudiantes y para ella; no tanto para la escuela.

La administración se presentó en clase de Esther un día, antes de que ella tuviera la plaza definitiva, pues estaba en periodo de pruebas; un procedimiento habitual para observar y evaluar al nuevo profesor. Y quedaron horrorizados.

«Dijeron: "No sé qué estás haciendo en esta clase, pero no estás enseñando nada. Los estudiantes no deberían hablar unos con otros". Fue horrible. Me amenazaron con la expulsión y me dieron dos semanas para cambiar.»

Esther quedó traumatizada por la experiencia y su marido le pidió que lo dejara, pero ella tenía otra cosa en mente.

«Me confesé a mis estudiantes. Les conté lo que estaba pasando, que esta no era una clase tradicional y que mis métodos eran inusuales y que, si querían que continuara siendo así, tenían que cooperar conmigo. Teníamos que dejar lo de los debates abiertos cuando nos observaban.»

Cuando la administración regresó quince días más tarde, les sorprendió encontrar un aula formada por alumnos que guardaban silencio.

«Volvieron muchos días seguidos porque no podían creerse lo que estaban viendo. Me preguntaron qué había hecho con los niños. No pensaba decírselo. Y así fue como conseguí la plaza.»

Esta historia me conmueve profundamente. No es solo que los estudiantes se preocuparan por Esther y la protegieran, sino también que la profesora recurrió a ellos y les pidió ayuda. Ella fue sincera y ellos respondieron a eso.

«Cuando me di cuenta de que podía trabajar con ellos fue un gran momento. Tú los guías, los diriges, pero ellos no tienen por qué seguir todas las reglas. De hecho, ellos creaban las reglas conmigo.»

El programa de periodismo que Esther dirigió en la escuela empezó con veinte estudiantes. Al año siguiente el número de inscripciones se dobló a medida que se corría la voz. Ella advirtió que la razón por la que a sus estudiantes les gustaba la clase era que ella les otorgaba poder y control.

«Todo se centraba en las relaciones. ¡Y yo los trataba como a iguales, lo cual los dejaba pasmados! No hay que olvidar que corrían los años setenta y ochenta, y ningún profesor se comportaba así.»

Estoy ansiosa por saber cómo se veía eso en aquel entonces y cómo Esther proporcionaba a sus estudiantes esa sensación de control mientras mantenía la estructura de la clase.

«En lugar de dar clase todo el tiempo, les daba la oportunidad de trabajar juntos en grupo, y así trabajaban con sus amigos y todos teníamos un objetivo común. Creo que esto marcó la diferencia, porque ellos querían estar ahí. El objetivo no era solo mío, ellos lo hicieron suyo y era algo que aspiraban a conseguir.»

Esto me recuerda a la conversación que mantuve con Peter Tabichi (página 99) respecto a cómo una motivación compartida empodera a todos los implicados. Entiendo hasta qué punto este planteamiento educativo es poderoso, pero ¿qué as se guardaba Esther bajo la manga?

«Creo que tengo una personalidad peculiar, me encanta el humor. Y me caían muy bien los alumnos, no era algo falso.»

La combinación del respeto que les tributaba Esther, el hecho de concederles el control y el centrarse en esas relaciones marcó la diferencia, incluso en aquella época, antes de que ella comprendiera realmente su labor como profesora.

«También me di cuenta de algo muy importante: los chicos no aprenden cuando se sienten tristes y abatidos. Creo que la mayor parte de los alumnos que a día de hoy forman parte del sistema escolar se sienten tristes y aprenden por miedo, o porque se limitan a obedecer, pero no porque entiendan la importancia del estudio.»

Esta es una reflexión sencilla pero impactante.

La clase de periodismo de Esther tenía lugar al final de la jornada, y los alumnos no querían volver a casa cuando sonaba el timbre. Esto me hace reír a carcajadas: ¿chavales que quieren quedarse en el centro cuando no tienen que hacerlo? No es muy habitual. A Esther también le resultaba extraño, y al mismo tiempo le hacía sentirse segura como profesora, pero cuando el programa evolucionó tuvo un duro enfrentamiento con la administración. Había desafiado con éxito al sistema y no seguía los protocolos estándar de la relación profesor/alumno.

«Si entrabas en mi clase, te asomabas al caos. Es decir, veías a los chicos corriendo por todas partes, trabajando juntos. Por otro lado, hice algo que en cierto modo iba contra las normas de la escuela. Cuando los estudiantes se quedaban hasta más tarde, les compraba comida. Ya sabes, tenían hambre. Y también esto se convirtió en parte de la cultura del programa.»

Aunque Esther quería volver a casa al final del día, le entusiasmaba quedarse con ellos. El programa fue reforzándose y ahora tiene más de 700 alumnos, seis profesores de periodismo y un edificio de 2.300 metros cuadrados —el Media Arts Center— que la ciudad de Palo Alto construyó para el programa que ella había fundado. Una década más tarde, esto aún le produce un ligero *shock* y una gran alegría.

El programa de periodismo dirigido por Esther adoptó un enfoque profesional. A medida que se entregaba cada tarea, se devolvía a los estudiantes con comentarios y se les daba la oportunidad de revisar su trabajo.

«Nunca los calificaba hasta su revisión final. Y la revisión final significaba que era "publicable". Si es publicable, es un sobresaliente; y si no se puede publicar, bueno, tienes que seguir trabajando hasta que lo sea.»

Esther también fomentaba el aprendizaje entre iguales, en el que los estudiantes leían y comentaban el trabajo de los demás.

«Yo solo era una guía. Les explicaba que nadie escribe un artículo perfecto a la primera. Les conté lo que significa ser una joven reportera y que te corrijan constantemente.»

Como profesora de arte, mi planteamiento es similar. Quiero que mis estudiantes vean el esfuerzo que le pongo y que comprendan que eso es lo que hacemos todos, al margen de quiénes seamos o en qué momento de la vida nos encontremos.

Tras dar clase en la misma escuela durante cuarenta años, Esther se jubiló en 2020.

«No porque quisiera, sino debido a la pandemia. Mi teoría era que el virus no iba a desaparecer pronto, aunque la gente decía que se iría en un par de meses. Di clase los primeros meses, pero sentí que la administración me controlaba y no quería estar en esa situación. Dejarlo entonces fue, probablemente, la decisión más inteligente que jamás he tomado.»

Esther puede haber dejado de dar clase, pero sigue en el mundo de la educación; con un exalumno, fundó una empresa de educación digital, Tract, una plataforma online de aprendizaje basado en proyectos para niños a partir de ocho años a la que profesores y padres (si se registran como «familias») pueden suscribirse gratuitamente.

«Participan miles de niños y profesores, y el objetivo es dar a los estudiantes la oportunidad de elegir lo que quieren hacer. Así pues, el profesor propone la tarea y los chicos trabajan en equipos. Mi intención era recrear en línea el ambiente de mi aula.»

Puedo entender el atractivo de quitarle el poder al profesor en una lección y dar a los estudiantes la sensación de control, pero también puedo ver los inconvenientes. Como profesora de arte, estoy acostumbrada a fomentar el trabajo independiente, pero es un concepto difícil de imaginar en otras materias.

«El programa que he ideado se adapta a la estructura escolar tradicional, no la cuestiona, pero durante el veinte por ciento del tiempo traslada el control a los estudiantes. Fue creado por jóvenes de quince a veintidós años para los chicos de ocho a catorce, por lo que la idea es que los niños más pequeños se involucren porque los mayores participan, y no hay nada más atractivo para un niño que otro que sea un poco mayor.»

Uno de los aspectos que Esther ha defendido a lo largo de su destacada carrera es cómo hacer que los niños se sientan mejor consigo mismos. Ella cree que abordar esta cuestión les ayudará a evitar la adicción y una serie de problemas en la etapa adulta. También habla con fervor del tema de los diagnósticos erróneos relacionados con el TDA y el TDAH.

«El deseo natural de un niño es correr, ir por su cuenta y explorar. En la escuela intentamos controlarlo, y eso causa problemas y potencialmente lleva a un diagnóstico inexacto. Sobre todo en los niños varones, que biológicamente son más propensos a la actividad física. Creo que deberíamos centrarnos en hacer que los chavales se sientan bien consigo mismos y en enseñarles a aprender y a lidiar con las adversidades. Y creo que no lo hacemos. Lo siento. No eres tú ni soy yo. Es el sistema.»

Está claro el impacto que Esther ha tenido en sus estudiantes, pero ¿cuál ha influido más en ella? Es una pregunta imposible; ella dice que hay muchos, pero menciona a uno en particular, un chico que tenía problemas. Casi no pudo entrar en el programa de periodismo de Esther debido a sus dificultades de lectoescritura, y luego su horario le impedía la asistencia, pero él seguía queriendo ir a clase.

«Pensé: "¿Qué diablos?". Y le dije que íbamos a hacer clases individuales. Llevó mucho tiempo, pero al final se pudo unir a la clase normal. Se esforzó muchísimo y tuvo grandes resultados, no era un escritor nato ni socialmente hábil —además, era muy bajito para su edad—, y cuando se postuló como editor del programa y no lo consiguió, se sintió hundido. Pero siguió adelante. Y lo que más me impresionó de este chico fue que, como yo creía en él, eso le hizo creer en sí mismo.»

Se dedicó en cuerpo y alma al programa a pesar de que no era editor, y luego le dijo a Esther que iba a solicitar el ingreso en Harvard y le pidió una carta de recomendación.

«Pensé: "¿Estás loco?". Acepté y la escribí, pero dije la verdad. No soy de esos profesores que ocultan las cosas. Les conté que este chico no había alcanzado su objetivo, pero que aun así había trabajado duro y se había convertido en un destacado reportero estudiantil y en el líder de la clase, a pesar de no tener el título y no ser el editor. Y yo estaba segura de que sería rechazado, pero lo aceptaron. Y resultó que la carta había influido mucho, por haber explicado que se había esforzado mucho a pesar de no haber obtenido el título. Hoy es editor sénior en una importante revista de actualidad. Y es mucho más alto.»

La moraleja de esta historia es: trabaja duro y cree en ti mismo. Es así de simple. También es importante encontrar a un adulto que crea en ti; Esther fue una verdadera amiga para este estudiante, al igual que para otros miles.

Como madre de tres hijas que han logrado grandes cosas, Esther ha sobrellevado con destreza la maternidad, al igual que la enseñanza. Ha escrito una guía para padres para ayudarnos a los demás y ha ideado un útil código con el acrónimo TRICK.*

«He creado el acrónimo para ayudar a la gente a recordar lo que en mi opinión es importante y que se puede aplicar a todos los aspectos de la vida: la educación de los hijos, el hogar, las escuelas, el trabajo. Los niños, tu pareja, tus compañeros de trabajo: todos quieren que se confíe en ellos, todos quieren ser respetados y que se les conceda independencia. No quieren recibir órdenes; por lo tanto, colabora con ellos y trátalos con amabilidad. Creo que ser amable es muy fácil, pero la gente no lo es. La amabilidad puede consis-

* Una de las acepciones de la palabra *trick* es «truco», pero en este caso la autora propone el término como acrónimo de *trust*, *respect*, *independence*, *collaboration* y *kindness*, que significa «confianza», «respeto», «independencia», «colaboración» y «amabilidad». *(N. del T.)*

tir simplemente en dar los buenos días y sonreír. En todo caso, ese es mi mensaje al mundo.»

¿Y cuál es el mensaje que diriges a los padres, más en concreto?

«Dejad que los niños jueguen después de la escuela. Parad de apuntarlos a tantas actividades extraescolares y dadles la oportunidad de jugar, porque, en mi opinión, para los niños el juego es una forma de investigación. Una manera de aprender a conocer el mundo.»

Esther se estremece ante la idea de «los padres helicóptero» y el nivel de control que se ejerce sobre un niño, incluso por razones nobles como la protección y crecimiento. Soy consciente de que tengo problemas con el control, y mis hijos tienen mucha menos libertad de la que yo tenía a su edad. Esther cuenta una historia sobre cuidar a sus nietos un sábado y dejar a los dos mayores (que tenían nueve y diez años en ese momento) en Target, unos grandes almacenes, para que compraran mientras ella llevaba al más pequeño a cortarse el pelo.

«Pensé que simplemente me llamarían cuando terminaran. Eran unos grandes almacenes, algo bastante seguro. Y mi hija llamó y preguntó cómo iba el día y le expliqué lo que había hecho, y ella empezó a gritar: "¡¿Qué?! ¿QUÉ?!". La oía hiperventilar.»

Esther regresó de inmediato y fue a buscar a los niños. Estaban bien; de hecho, estaban estupendamente.

«Les encantó. Y estaban orgullosos de sí mismos. Incluí esa historia en mi libro y mucha gente se sintió identificada porque les asustaba dejar que sus hijos hicieran nada solos. Temían que les pasara algo horrible.» Se trata de encontrar el equilibrio entre el mundo actual con sus terribles noticias y permitir más libertad a los niños.

Dicho esto, es imposible ignorar una de las principales noticias de los últimos tiempos, la pandemia, y cómo ha impactado en los niños a un nivel global. Desde la perspectiva educativa, Esther tiene un mensaje positivo.

«Cada estudiante que ha faltado a la escuela siente que ha perdido algo, y es cierto, se llama pérdida de aprendizaje. Pero también han aprendido otras cosas, y necesitan reconocer eso y la adversidad que han logrado superar. En cambio, están tratando de ponerse al día memorizando información, y la investigación demuestra que olvidas aproximadamente un ochenta por ciento de lo que memorizas en un año.»

Esther se encoge de hombros. Ha estado pensando en cómo abordar este problema antes de que terminemos con una generación de adultos profundamente afectados por el confinamiento, y confío en su espíritu incansable y en su planteamiento brillante y revolucionario. Esther es una verdadera pionera, y hay que estarle agradecidos.

Shi Wang

50 años, Pekín, China

«No les digas a tus hijos que son los mejores. ¿Cómo puedes definir qué es lo mejor? Evidentemente, tienes que animarlos, ser paciente, respetarlos como individuos, pero no les digas que son los mejores. Esto les pone demasiada presión o les hace creer que realmente son mejores que los demás.»

Shi dio clase de inglés durante veinte años en la mundialmente conocida Escuela Secundaria N.º 4 de Pekín, en China. Considerada la mejor escuela del país, organiza intercambios de estudiantes con otras escuelas de alto rendimiento, como Eton en el Reino Unido, y, de los estudiantes que deciden estudiar en el extranjero, el noventa por ciento va a universidades estadounidenses. Las palabras del primer director de la escuela, Wang Daoyuan, están inscritas en una escultura, animando a los estudiantes a «valerse por uno mismo y defender y seguir comportamientos morales. Es vuestra base de conocimiento, no el poder de otros, lo que más os ayudará. Ahora estáis en vuestra mejor edad y soñáis a lo grande. ¿Elegiréis ser personas que harán grandes contribuciones a la comunidad y la sociedad?». Estos sentimientos, traducidos de manera aproximada, se encarnan en Shi y se reflejan en el educador que es hoy en día.

En su segundo año de enseñanza en la N.º 4, Shi fue enviado a Estados Unidos, a una escuela afiliada en Massachusetts con varios estudiantes, antes de viajar por todo el país de «este a oeste y de norte a sur», visitando todas las grandes universidades. La gente esperaba que pasara gran parte de su viaje en bibliotecas, centrado en el aprendizaje académico, pero él tenía hambre de experiencias culturales y el deseo de practicar el idioma. Además de apoyar a quienes solicitaban el ingreso en universidades internacionales, Shi también acompañaba a los estudiantes a la escuela de verano de Eton. Esto produjo un cambio innovador de dirección, y se convirtió en uno de los primeros consejeros profesionales que en una escuela pública china ofrecían a los estudiantes asesoramiento para el ingreso en universidades. En la actualidad es el director fundador de una escuela internacional bajo el paraguas de la Escuela Secundaria de la Universidad Tsinghua en Pekín, un respetado experto en educación internacional, y ha creado una asociación de asesores en China. Es un revolucionario de la mejor clase.

«No nos importaba la carrera de los estudiantes, quiénes eran o qué querían o necesitaban. Tan solo nos motivaban los resultados y nos centrábamos en el perfeccionismo. Nuestra única referencia eran los exámenes. Si cometías un error, eras un perdedor. Ahora está habiendo cambios en la educación y atendemos al individuo. Esto nos motiva y es esperanzador.»

Sigue existiendo una clara brecha entre los ricos y los poco privilegiados en el mundo de la educación; los primeros gastan dinero en tutores para acceder a las mejores escuelas y universidades y los últimos tienen muy pocas oportunidades.

«Es una leyenda que los alumnos de entornos desfavorecidos puedan acceder a las universidades más prestigiosas. Ocurre muy de vez en cuando, pero trabajamos duro para abordar esta cuestión, y las actitudes están cambiando. Los estudiantes antes solo se preocupaban por ellos mismos, pero ahora son conscientes de que a su alrededor hay otros que podrían necesitar ayuda.»

Shi ha descubierto que el tema es complicado de tratar con aquellos que prefieren un enfoque tradicional y poco innovador del estudio y el rendimiento. No pretende frenar a nadie, pero tampoco quiere dejar a nadie atrás. Está rompiendo el molde, pero explorar nuevas formas de pensar resulta incómodo. Afortunadamente, él es testigo de los cambios.

«Esto me recuerda a Darren, un estudiante al que di clase en la N.º 4. Era presidente del consejo de estudiantes y muy maduro; parecía de mediana edad. Visitó Eton conmigo y luego ingresó en la Universidad de Yale, en Estados Unidos. Era sensible, inteligente y popular.»

Darren estudió cine en Yale, lo que incluía pasar un año en Francia. Cuando se graduó, ya rodaba documentales en Nueva York, y Shi se reunió con él en esa ciudad.

«Tomamos un café en Times Square y me dijo que era gay. Fue una conversación valiente en la que se mostró abierto, sincero y relajado; yo estaba orgulloso de él. No se lo había contado a sus padres, pero planeaba volver a China para decírselo, y así lo hizo. Al principio ellos no aceptaron su orientación sexual, pero tampoco lo rechazaron, y poco a poco cambiaron de opinión.»

Un año más tarde, Darren regresó y se estableció entre Shanghái y Hong Kong, donde abrió una franquicia de yogures helados y una cafetería, y poco después empezó a asesorar a emprendedores.

«Me impresionó mucho. No solo como emprendedor, sino como persona que realmente sabía lo que quería. Se respetaba a sí mismo y a sus decisiones. No siguió la habitual carrera empresarial o en la banca propia de alguien con su educación de élite, y tampoco continuó filmando cuando no estaba seguro de que eso fuera lo suyo. ¡Ahora es propietario de un par de negocios y muy feliz de serlo! Aún mantenemos el contacto.»

Lo que Darren consiguió durante su escolarización fue la habilidad de saber quién era y lo que quería. Este parece el mayor logro de todos. Como otro de los estudiantes de Shi, Alex, que también fue más allá de las expectativas.

«Alex era inteligente. Fue a la N.º 4, a Eton y luego a Harvard, en Estados Unidos. Después de un año trabajando en una empresa de consultoría de gestión global en Boston, lo dejó y volvió a China. Empezó un voluntariado y logró un patrocinador para ofrecer iPads a estudiantes en áreas pobres del país.»

Alex investigaba dónde eran necesarios los recursos y trabajaba para suministrarlos. Ahora está desarrollando software para ayudar a los alumnos desfavorecidos con las matemáticas.

«Todo podría haber sido muy diferente para él, pero descubrió un enorme problema social, un problema que podía ayudar a resolver. Quería aprovechar las ventajas de su formación y encontrar un nicho para ayudar a los demás. Trabajó duro y pensó lógicamente en cómo podría ser más útil. Aborda las situaciones de una forma inteligente.»

Ambos estudiantes siguieron el camino educativo tradicional en China, pero en cuanto llegaron a la edad adulta se salieron del mismo y abrazaron su destino. Shi lidera una fantástica generación de jóvenes guerreros que usan su conocimiento y sus experiencias globales para el beneficio de la sociedad. Comparte estas historias de éxito con sus alumnos actuales para animarlos a encontrar su propio camino, aunque este no sea el que se esperaba para ellos. Son librepensadores.

«¿Sabes? La gente daba por hecho que Darren y Alex se quedarían en el extranjero, pero volvieron a China. Se han construido una carrera y una vida aquí. Lo mismo puede decirse de una de mis estudiantes, Sue, que siguió una trayectoria similar y regresó a China para trabajar en el Centro de Harvard en Shanghái, en la iniciativa "China Thinks Big".»

La competencia invita a los estudiantes a trabajar con profesores de Harvard en la resolución de problemas en ciudades de todo el país. Se centran en crear oportunidades y apoyar iniciativas, así como abordar cuestiones como el saneamiento en Nankín, diseñando un nuevo espacio comunitario o construyendo un embalse, por ejemplo.

«Les enseña no solo a preocuparse por sus libros de texto, sino a pensar en el mundo que les rodea. A Sue le encanta la investigación con estudiantes y la atención que el proyecto concede al medio ambiente, la comunidad y las familias. Como otros, ella me inspira a seguir trabajando en el campo de la educación internacional porque puedo ver los beneficios para estos estudiantes. Obtienen una perspectiva diferente respecto a su futuro.»

Shi les dice a sus alumnos que cada uno tiene su lugar en el mundo, no importa quiénes sean. Son igual de importantes en la sociedad; y está dispuesto a compartir este mensaje con los padres.

«No les digas a tus hijos que son los mejores. ¿Cómo puedes definir qué es lo mejor? Evidentemente, tienes que animarlos, ser paciente, respetarlos como individuos, pero no les digas que son los mejores. Esto les pone demasiada presión o les hace creer que realmente son mejores que los demás.»

El reverso de esto son los padres que les dicen a sus hijos que son unos inútiles, que utilizan el amor con mano dura para incitarlos a esforzarse. Esto enfurece a Shi.

«Este enfoque tampoco funciona. No tiene sentido. En China parece que vamos de un extremo al otro: o colocamos al niño en un pedestal o le decimos que jamás podrá subir a él. Por el contrario, tenemos que recordar que cada estudiante es diferente, ni mejor ni peor.»

Cuando Shi habla de sus alumnos, se le ilumina el rostro. Él asegura que lo mantienen al día. Como Ben, que estudia ingeniería musical en la Universidad de Nueva York. Ben siempre ha estado interesado en la música, en especial en el rap y el *beatboxing*. Cuando Shi tuvo una idea para su escuela supo a quién llamar.

«Quería hacer un vídeo que diera ánimos a los estudiantes que solicitan la admisión a la universidad, así que escribí algunas letras para un rap que lo acompañara y llamé a Ben. Quería que él le pusiera música y me ayudara con la grabación. A mi hija le pareció graciosísimo. Ella prefiere la música clásica, pero a mí me gusta el rap.»

Con el apoyo y la experiencia de este exalumno, Shi pudo hacer algo para inspirar a sus actuales estudiantes. Cree que este es uno de los aspectos más satisfactorios de su trabajo, con una generación que guía a la siguiente. De toda nuestra conversación, recuerdo especialmente una frase.

«¿Sabes? El mundo pertenece a los jóvenes.»

Así es, y espero que estemos en el camino correcto a la hora de equiparlos y empoderarlos para adentrarse en el futuro.

Miriam Manderson

50 años, Londres, Reino Unido

«Como profesora, pretendo conseguir que las jóvenes mentes crean que pueden llegar a ser algo.»

Miriam creció en el infame Stonebridge Estate del noroeste de Londres. Muy conocido por sus elevadas tasas de criminalidad, era un entorno difícil desde el que imaginar un futuro brillante, pero Miriam estaba decidida y motivada. De improviso, descubrió su pasión por las lenguas, alentada por su profesora de francés. Tras obtener una licenciatura en lenguas, Miriam combinó su interés por trabajar con los niños con su conocimiento de francés y español. Se convirtió en profesora hace casi treinta años.

«Eso fue todo para mí. Descubrí lo que me gustaba y se me daba bien. Más tarde tomé la decisión de continuar mi viaje pedagógico en una escuela con circunstancias difíciles, porque quería devolverle algo a mi comunidad. Podía ir andando desde mi casa.»

La escuela para chicos donde Miriam comenzó era un lugar difícil para empezar como profesora recién licenciada, pero tuvo un maravilloso mentor —un flamante profesor de francés— que la alentó a experimentar y ser libre en su planteamiento. Ella lo vio transformar a una clase de chicos adolescentes desencantados procedentes de entornos desfavorecidos en un grupo que se mantenía unido y orgulloso, cantando canciones en francés. Los llevó donde quería que estuvieran. Fue como un truco de magia cuyo secreto Miriam quería conocer.

«Descubrí a muchos profesores que lograban resultados similares, como la profesora de historia, que los tenía en la palma de la mano. Ella nunca levantaba la voz. Era justa y coherente, y ellos le demostraban confianza. En la escuela había un chico problemático y con dificultades de aprendizaje, Dwayne. Hacía todo lo posible por trastornar las clases, con la excepción de la clase de historia. En ella era un niño completamente diferente y mantenía una relación respetuosa con su profesora.»

Esta fue una de las primeras y más poderosas lecciones que Miriam recibió durante su formación. Le enseñó no solo el valor de la coherencia, sino también la importancia de conectar con los alumnos a un nivel personal, demostrando un interés genuino por ellos, pero sin ser intrusiva. También descubrió la importancia de manifestar una verdadera pasión por el tema que estaba enseñando. Miriam aplicó estas perlas de sabiduría educativa en su próxima escuela, que se había convertido en una academia.

«Las primeras escuelas que se convirtieron en academias lo hicieron debido a problemas de comportamiento. Así que aquí es donde realmente demostré lo que valía y cuando me convertí en profesora de verdad. Tuve que valerme de todas mis habilidades y mi experiencia para salir airosa. Invertí mucho tiempo, tanto durante las clases como después, comentando con los estudiantes por qué el mundo los veía de cierta manera y cómo la educación los ayudaría a cambiar esas opiniones tan prejuiciosas.»

Los alumnos de Miriam respondieron a este planteamiento porque, por primera vez, no sentían que alguien les regañaba. Ella sabía que, si los presionaba, desconectarían. En cambio, los hizo sentir valiosos y les dio un sentido de pertenencia a su escuela y su comunidad. Gran parte de este trabajo se logró en las sesiones de repaso después de la escuela que Miriam dirigía.

«Hablaba con ellos de su jornada, de por qué habían tenido problemas con un profesor, de quién les ayudaba en casa, de qué comían si no estaban sus padres y de cómo iban a pasar la tarde. A las seis nos íbamos de la escuela y caminábamos juntos a casa. Me llamaba a mí misma "la madre comunitaria" y les echaba un ojo en la calle, no solo en la escuela.»

Una de las primeras y más importantes experiencias que Miriam tuvo, como profesora y como mujer negra, fue en clase, con un chico rubio y de ojos azules llamado David. Él se mostraba increíblemente atento en clase, pero había algo que lo sumía en la perplejidad. Miriam le preguntó qué le pasaba.

«Él respondió: "Señorita, usted enseña francés, pero es negra". Y yo dije que sí, y que íbamos a echar un vistazo a todos los países del mundo en los que se hablaba francés. Estos estudiantes nunca habían visto un mapa del mundo y, desde luego, no sabían qué lenguas se hablaban en uno u otro lugar. Mi lección evolucionó. David superó su conmoción, era un estudiante brillante.»

Miriam no solo salvó la brecha entre su aspecto y lo que enseñaba, sino que también dejó claro que su atracción por las lenguas no provenía de una infancia privilegiada en la que disfrutó de viajes al extranjero. Su entorno era similar al de muchos de los alumnos poco privilegiados que acudían a su clase, y ella sabía que era importante mostrarse abierta en este sentido.

«Como profesora, pretendo conseguir que las jóvenes mentes crean que pueden llegar a ser algo. La mayoría de estos niños no han tenido las oportunidades de las que disfrutan otros chicos de familias más prósperas y privilegiadas, pero yo quería que supieran que eso no los hace inferiores. Yo había estado donde estaban ellos y me había enamorado de la lengua francesa sin tener que haber estado allí de vacaciones.»

De todos los estudiantes que prosperaron bajo el cuidado de Miriam, hay algunos a quienes fue difícil llegar, incluyendo a los que lamentablemente fallecieron en incidentes relacionados con pandillas. Esto es un gran peso sobre sus hombros y ha moldeado su papel como profesora y como madre. En cierto momento, el esposo de Miriam trabajó en la campaña «Not Another Drop», que significaba «Por favor, que no se derrame ni una gota de sangre más, estamos hartos de crímenes con arma blanca». Organizaron una marcha y el periódico local publicó una noticia al respecto, que incluía fotografías de recientes víctimas jóvenes. Varios de los rostros en el artículo habían sido estudiantes de Miriam o asistían a su escuela, y otros habían sido condenados por delitos relacionados con el uso de arma blanca.

«Tuve un alumno, Ricardo, al que di clase durante cinco años. Era muy dulce, pero no muy habilidoso, y además era muy tímido y vergonzoso. Traté de encontrar una manera de apoyarlo sin señalarlo y causarle vergüenza y malestar. Quería que lo siguiera intentando, pero hiciera lo que hiciera yo, no era suficiente. No lo protegió de la presión de sus compañeros ni de una sociedad prejuiciosa, ni le brindó herramientas y habilidades para sobrevivir más allá de sus cuatro paredes. No pudo entender que había otras formas de vivir la vida. Apenas acababa de entrar en la adultez cuando le condenaron por asesinato. Fue desgarrador.»

Uno de los vínculos comunes entre los estudiantes problemáticos era que uno o ambos padres estaban ausentes durante largos periodos de tiempo por diversas razones, entre ellas el regreso a sus países de origen.

«Enseguida me daba cuenta de que los padres estaban ausentes, por la forma en que los niños olían, por su aspecto, fijándome en si habían dormido lo suficiente o si su uniforme estaba limpio. Estaban desaliñados y no había nadie que los protegiera o los alimentara al principio y al final de cada día. Ricardo era uno de estos niños. Fuera de la escuela lo dejaron abandonado a su suerte y tomó decisiones terribles.»

Alonso, otro de los estudiantes de Miriam, provenía del mismo entorno que Ricardo, con dos grandes diferencias. La primera era que, aunque su madre estaba ausente durante largos periodos de tiempo, aún formaba parte de la vida de su hijo. La segunda era haber pasado su primera infancia en Jamaica.

«Alonso cursó la escuela primaria en Jamaica, antes de mudarse a Londres como estudiante de secundaria. Allí le enseñaron a respetar al profesor y la importancia de la educación, por lo que no podía creer que sus compañeros británicos no tuvieran los mismos valores. En clase pedía a sus compañeros que se callaran cuando el profesor estaba hablando. Esto establecía un completo contraste con Ricardo, que había crecido pensando que era guay no respetar a los profesores, mostrarse contrario a la educación y ocultar las deficiencias propias.»

Ricardo acabó en prisión. Alonso es cocinero en un prestigioso hotel de Londres. Y luego estaba Nadege. Miriam dio clases durante diez años en el sur de Londres y logró que el centro adquiriera estatus de escuela de idiomas. Miriam asegura no tener favoritos en clase, pero es evidente que hubo un aprecio y respeto mutuo entre ella y su alumna Nadege, nativa francesa.

«Me gusta llamarla mi protegida. Como me ocurre a mí, le encantan las lenguas y habla español con fluidez, así como su francés nativo. Como profesora, sentí que había plantado una semilla y fomentado una pasión y entusiasmo por algo que dio forma a su futuro y sigue llenándola de alegría. Ella se convirtió en profesora y madre, y ahora dirige la escuela de idiomas que yo empecé. ¡Nos mantenemos en contacto y ella me llena de orgullo!»

Miriam no se atribuirá ningún mérito por la elección de carrera de Nadege, pero estoy segura de que, si le preguntara a Nadege, ella lo atribuiría a su profesora.

«Me sorprendió cuando me dijo que estaba cursando el certificado de posgrado en educación. Yo no sabía que se planteaba ser profesora, pero había sido muy feliz en clase. Participaba mucho, y ayudaba a los chicos con problemas en francés. He dado clase a niños a los que les avergonzaba tener otra lengua materna, por lo que me esforzaba con ellos para hacerles entender que era una ventaja. Quiero que cada niño se sienta orgulloso de la lengua que habla. Nadege era un ejemplo positivo de todo esto.»

He conocido a profesores que se sienten intimidados por los estudiantes que saben más que ellos o que pueden cuestionarlos. No es el caso de Miriam. Se siente a gusto en este tipo de ambiente y anima a los estudiantes a alcanzar su pleno potencial, centrándose también en los que destacaban, como Alex, de quien Miriam aprendió la lección más importante.

«Alex venía de Estados Unidos y se le daba bien todo: matemáticas, lengua, idiomas, deportes; y creo que esto irritaba a sus compañeros de clase. Su confianza en sí misma era algo digno de admiración. También hablaba claro, al borde de la grosería, la primera vez que hablé con ella y comparaba a los profesores británicos con los estadounidenses. Estaba acostumbrada a una docencia basada en un aprendizaje activo, en oposición a la instrucción, que le pareció más fácil de entender.»

Irritados por su conducta, sus amigos, compañeros de clase y finalmente todo el grupo de su año la ignoró.

«Le hicieron el vacío. Yo nunca había presenciado algo así. Además, estaba en su año de exámenes, así que me preocupaba el efecto que tendría en ella. ¿Pues sabes qué? ¡A ella le dio igual! Ni siquiera fingía que le daba igual, su actitud era sincera. Y vi como cada niño empezó a volver a acercarse a ella. La chica que había instigado el exilio también lo observó y, al final del año, todos volvieron a ser amigos. Me pareció increíble, porque no creo que la autoestima sea algo que pueda enseñarse.»

Como Miriam, Alex había perdido a uno de sus padres cuando era muy pequeña, y esto le otorgó fuerza interior. Alex enseñó a Miriam a sentirse cómoda en su piel y a confiar en quien era. A Alex se le castigó destacar en muchos campos, en lugar de aplaudírselo. Al ser marginados, muchos niños se derrumban y su luz se extingue, pero ella no. Tampoco era egoísta. Tan solo creía en su habilidad natural y se negaba a disculparse por ello o a disimularla. Miriam y Alex siguieron en contacto y ahora Alex persigue su sueño como atleta profesional.

Durante los últimos tres años, Miriam ha sido directora de un gran instituto en el noroeste de Londres, donde casi el cuarenta por ciento de los alumnos provienen de entornos desfavorecidos. Le gusta su trabajo, pero echa de menos estar en el aula.

«Cuando asumí el puesto de dirección, me negué a renunciar a la docencia por completo y mantuve una clase de lengua semanal. Al mes de tener que abandonar el aula de forma permanente debido a cuestiones relacionadas con mi nuevo puesto, entendí que estaba siendo injusta con los alumnos y conmigo misma. Por eso, ahora comparto la clase con un excelente colega. Cuando estoy en clase, es mi santuario. Me arremango y me pongo manos a la obra. Los profesores tienen que aprender a mantener viva la curiosidad de los niños y que estos formulen más preguntas de las que tú les planteas.»

¿Y qué tienen que hacer los padres para ayudar a sus hijos? Las dos estamos de acuerdo en que estar presentes e implicarse en la vida de los hijos es crucial. En numerosas ocasiones Miriam ha sido testigo de que esto no sucedía y de sus resultados catastróficos. Su otro consejo es instruirse en tecnología.

«Por favor, no permitas que tus hijos te den mil vueltas en el conocimiento de la tecnología, incluso si tienes que fingir que la entiendes. Yo soy fan de la tecnología, pero todos conocemos los peligros a los que se enfrentan las generaciones más jóvenes, por lo que debemos estar atentos a su participación en el enorme mundo digital. Los padres suelen ser quienes pagan las facturas, por lo que están en su derecho de acceder a los dispositivos de sus hijos. Mucha crueldad y maldad pueden surgir de la actividad online y, como padres, tenemos el deber de ayudar a los niños a ser responsables en su uso y de protegerlos.»

Armand Doucet

43 años, New Brunswick, Canadá

«Cada día sitúo al alumno en el centro y le doy la oportunidad de subir el siguiente peldaño de la escalera, y cada vez que da un paso atrás, estoy ahí para para ayudarlo a subir de nuevo.»

Armand cree que todos tenemos un superpoder. Asegura que el suyo es conectar con la gente, y cree que yo tengo la misma capacidad. Nos conocimos en un congreso educativo hace cinco años. Vive en New Brunswick, Canadá, y yo en el Reino Unido, por lo que buscamos el momento adecuado para conectarnos en Zoom. Mientras hablamos, tiene a uno de sus tres hijos sentado en las rodillas, y su casa está llena de ruidos y risas. Cada domingo, su esposa y él cocinan una gran olla de espaguetis para la familia y los amigos; a veces alimentan hasta a veinticinco personas.

Siempre me ha fascinado el viaje que la gente hace para llegar a la enseñanza y las decisiones que han moldeado su carrera. Armand se refiere a su trayectoria más como a un garabato caótico que a un camino lineal y tradicional. Darse cuenta de que quería ser profesor fue menos una epifanía que una serie de momentos reveladores. Es una descripción fantástica que me parece más práctica; un refuerzo regular de que estaba haciendo lo correcto.

Armand proviene de una larga dinastía de educadores y trabajadores comunitarios, pero desestimó cualquier mención de un futuro en la educación para él, aparte de un periodo de entrenamiento de fútbol juvenil que lo llevó a viajar por el mundo con programas nacionales juveniles. Fue a estudiar kinesiología a la universidad, pero se pasó al preparatorio de Medicina antes de descubrir, como explica él con brillantez, «que no podía soportar la visión de la sangre y tenía una enorme fobia a las agujas», y de ahí pasó a cursar estudios de historia. La academia y la vida entre libros tampoco eran lo suyo, así que volvió a la kinesiología.

Creo que es importante señalar que la enseñanza no siempre es una vocación. Armand tenía lo que yo llamo una «mente de palomitas», llena de ideas y pensamientos, pero eran confusos, así que consiguió un empleo en una gran empresa de ventas y marketing y siguió siendo entrenador deportivo durante otros seis años por su cuenta.

En 2009, Armand convenció a su empresa para que le concediera un mes libre y viajó a Ruanda y a Tanzania con su mejor amigo, cuya madre trabajaba en los tribunales que juzgaban el genocidio en Arusha. En ese viaje aprendió mucho sobre derechos humanos, diversidad, inclusión e igualdad, y esto le animó a organizar una visita a Sudáfrica al año siguiente (que casualmente coincidía con la Copa Mundial de la FIFA). A continuación se sucedieron dos momentos reveladores. El primero tuvo lugar en Robben Island, donde descubrió más cosas acerca de su héroe Nelson Mandela, un hombre con una fe inquebrantable en sus valores y que luchó sin descanso por ellos. El segundo incidente transformador ocurrió de vuelta en casa, cuando una profesora amiga de la familia tuvo una conversación con él.

«Me dijo: "Armand, tienes que pensar seriamente en la educación, podrías ser de gran ayuda". Me reveló cuáles, en su opinión, eran mis puntos fuertes y mis puntos débiles, y me explicó el momento por el que atravesaba el sistema educativo. Fue solo una conversación, como muchas otras, pero esta vez escuché. Creo que estaba predestinado para la educación. Quiero intentarlo y dejar el mejor legado que sea posible.»

En los diez años en los que Armand se ha dedicado a la enseñanza, ha logrado un público global gracias a su creatividad dinámica y a su sincero compromiso con su trabajo y sus estudiantes. Asegura que ellos son, junto con sus hijos, la fuerza motriz que le impulsa a actuar. Una de las iniciativas que Armand inició en su primera escuela, y que me colma de una alegría mágica, fue el programa Harry Potter, gracias al cual transformó el centro en Hogwarts. Durante toda una semana los profesores encarnaron a personajes de la saga —él era Dumbledore—, y cada lección estaba relacionada con el libro y vinculada al currículo. Llevó cien horas, a lo largo de seis meses, y un fin de semana de cuatro días, organizarlo todo y convertir la escuela en Hogwarts, incluyendo el célebre Gran Comedor, donde se colgaron velas eléctricas que daban la impresión de flotar en el aire.

«¿Quieres hablar de creatividad? Aquello sí que fue creativo.»

Tuvieron 1,8 millones de visualizaciones en Reddit y a los alumnos les encantó, volvían corriendo a casa para compartir sus conocimientos sobre la regurgitación de los búhos a la hora de la cena. A los padres les impresionaba que los chicos se levantaran solos y estuvieran ansiosos por ir a la escuela.

Cuando Armand abandonó la escuela secundaria, echó de menos el espíritu colaborativo. Enseñar en bachillerato, con sus exámenes estandarizados, fue un cambio, pero es un lugar en el que cree que puede hacer un buen trabajo.

«Me conoces, Andria, siempre digo que ya dormiré cuando me muera.»

Su interés se centra en el sistema educativo, los estudiantes, los padres y la reputación de la profesión docente. Son muchas cosas, pero si alguien puede ocuparse de todas ellas, ese es Armand.

«La educación pública es muy importante. He dado guerra con esto a nivel global porque creo que todo el mundo se lo merece. Tenemos que reformar la educación pública para garantizar que sea equitativa e inclusiva, y que todo el mundo tenga acceso a estas redes y plataformas que realmente les harán prosperar. Si eso significa que tengo que pagar un dos por ciento extra en impuestos, para que todo el mundo esté bien, que así sea.»

Armand dice que la enseñanza es una batalla. Yo nunca he pensado así, pero tiene razón, es una batalla, no solo para asegurarnos de que los niños a los que impartimos clase encuentren y usen su voz, sino también por la forma en la que se percibe el trabajo de los profesores. Armand afirma que una parte de la cuestión tiene que ver con nosotros, los profesores, y con entender que los medios de comunicación del presente son una vía de doble sentido. Cita al autor irlandés George Bernard Shaw: «El mayor problema de la comunicación es la ilusión de que ha tenido lugar»; una cuestión tan relevante hoy como en la época de Shaw.

«Creo que parte del problema tiene que ver con no haber defendido la enseñanza como una profesión con todas las de la ley. Y creo que ha sido patriarcal en término de gestión, pero el ochenta por ciento de los profesores son mujeres. Creo que tenemos que levantarnos y alzar la voz para reafirmar que es una profesión con todas las letras, no una ocupación, y que es una labor que no puede ejercer cualquiera.»

Armand cree que también debemos involucrar más a los padres y cuidadores de nuestros estudiantes. Hay una inmensa presión sobre los padres en estos tiempos, sin importar la estructura familiar. La mayoría de los padres trabajan y se sienten culpables por la cantidad de tiempo que dedican a sus hijos y por si realmente saben lo que está pasando en sus mentes. Es una culpa que comparto como madre de dos chicas, así que puedo ver el problema desde ambos lados. Armand cree que este es un dilema que los profesores deben resolver, ya que acercarse a los padres y comprender las dificultades en las que se encuentran puede ayudarnos a enseñar y criar a los hijos en armonía. Lo que nos lleva al papel que desempeñamos.

«Es un honor ser profesor. Odio usar terminología como "clase magistral" o hablar del profesor como "facilitador". Por supuesto, somos muchas cosas dentro de ese rol —un líder y animador para el estudiante, la familia, la comunidad—, y estamos constantemente comunicando esas cosas. En medio de todo eso, el bien más precioso es el tiempo. Darle a alguien tu tiempo de todo corazón muestra que te preocupas y que reafirmas el valor de esa persona, ¿verdad? ¿Cuántos de estos niños tienen eso en casa, con sus padres?»

Cuando le pregunto a Armand cuál ha sido su mayor logro en la enseñanza, se queda pensativo por un momento. No menciona el trabajo internacional que ha realizado ni los premios que ha ganado; el mayor impacto para él es ver a sus estudiantes abrirse paso día a día y formar parte de ese proceso.

«Cada día sitúo al alumno en el centro y le doy la oportunidad de subir el siguiente peldaño de la escalera, y cada vez que da un paso atrás, estoy ahí para para ayudarlo a subir de nuevo. Creo que el mayor logro son esas pequeñas victorias, y no creo que los profesores se den cuenta de cuántas veces lo consiguen.»

El inconveniente de este viaje diario es la oportunidad que puede perderse. Por cada historia de éxito, hay quienes no llegaron a donde podrían o deberían haber llegado, y, como profesores, podemos tomárnoslo de manera muy personal. Cada profesor tendrá al menos una historia que contar sobre el estudiante que no lo consiguió. Armand recuerda cuando entrenaba en los primeros tiempos —cuando aún estaba aprendiendo lo que significaba enseñar—, y había un chico que siempre se mostraba alegre y se esforzaba mucho, pero provenía de un entorno difícil.

«Me di cuenta de que Brad tenía problemas familiares y había sido trasladado a varios hogares de acogida. Un día simplemente dejó de venir. Resultó que sus nuevos padres de acogida se negaron a llevarlo a las sesiones de entrenamiento. Si hubiera tenido más experiencia, habría encontrado una manera de mantener a Brad en el equipo, tal vez habría organizado yo el transporte. Habría entendido lo vitales que eran las sesiones para él, pero no lo vi y él desapareció. Diez años después me enteré de que estaba en la cárcel por asesinato. Se extravió. No estoy diciendo que yo pudiera haberlo salvado, pero a menudo me pregunto si podría haberle sido de ayuda.»

Es difícil escuchar esta historia, pero contarla es mucho más difícil, y soy consciente de hasta qué punto le atormenta. Armand es un perfeccionista, pero no puede controlar las decisiones de los demás. Tiene que recordar a todos aquellos a los que ha ayudado y la influencia que ha ejercicio sobre ellos. ¿Cómo describirían a Armand?

«¡Ah, dirían que estoy completamente loco! Y creo que añadirían que hago lo que sea necesario para conectar con ellos. Y que me preocupo. A menudo sitúo en primer plano sus necesidades emocionales, antes de abordar cualquier otro aspecto.»

Armand es un defensor de la pirámide de necesidades de Maslow, según la cual «hay que atender a las emociones antes de que alguien aprenda algo», y cree que este planteamiento forma parte del futuro de la educación. Por lo tanto, si tuviera que dar un consejo, ¿cuál sería?

«En Canadá hay un gran grupo llamado The Tragically Hip, y tienen una canción titulada *Ahead by a Century* [Un siglo por delante]: la letra dice que la vida no es un ensayo general. Es una canción preciosa. Cada día me pregunto si estoy aprovechando al máximo el tiempo.»

Hiba Ballout

36 años, Beirut, Líbano

«Mis estudiantes me inspiran en la misma medida en que yo los inspiro a ellos; es un círculo de inspiración.»

La primera vez que vi a Hiba Ballout fue en el Premio Global a la Enseñanza en 2018. En el auditorio había unas cien personas, esperando en un intervalo entre presentaciones, cuando una mujer en hiyab se levantó espontáneamente y entonó una preciosa canción en árabe. Era Hiba, una de las cincuenta finalistas. Su voz y la confianza que demostraba en una sala llena de desconocidos era sorprendente, y todos estábamos fascinados. Desde entonces nos hemos mantenido en contacto y, aunque nuestros mundos son diferentes, conectamos a muchos niveles.

Cuando Hiba empezó a dar clase de ciencias a estudiantes de primaria en la escuela St. Georges de Beirut, fue un soplo de aire fresco; cambió la forma tradicional de enseñar para hacerla más divertida.

«¿Por qué no jugar, por qué no analizar, interpretar y olvidarse de memorizar cosas, al margen de las definiciones importantes? Al final del curso, a la mayoría de los alumnos les gusta la ciencia.»

Esta respuesta a su forma de dar clase animó a Hiba a ir más lejos.

«Había encontrado la forma de llegar al corazón de los estudiantes, así que pensé: "¿Por qué no les enseño algo más allá de la ciencia y la biología? ¿Por qué no les enseño habilidades para el día a día?".»

Hiba, ahora coordinadora de ciencias en su escuela, también inició programas de liderazgo y gestión como el Modelo de las Naciones Unidas y el Modelo de la Liga Árabe tanto local como internacionalmente, e invitó a sus alumnos a participar en ellos, lo que les proporcionó una perspectiva de la ciudadanía global. Hoy en día es una figura sumamente respetada en el mundo de la educación, asistente de dirección y jefa del ciclo de secundaria en su escuela, y, sobre todo, amiga de sus estudiantes. Sus fantásticos programas de liderazgo han vuelto después de haber estado suspendidos debido a las dificultades por las que atraviesa su querido país.

Uno de esos programas suspendidos, Alwan —organizado por la Fundación Adyan—, aborda la cuestión de la coexistencia. Al ser tan consciente como es de los problemas del sectarismo, este es un tema muy importante para Hiba. Ella recuerda la gran diversidad en las escuelas al principio de su carrera.

«Teníamos musulmanes, cristianos, ateos..., y había una interacción entre nosotros. Nos gusta convivir en la escuela. Y la administración tenía la idea de que, a pesar de nuestra religión, de nuestras creencias, los educadores tenemos un mensaje común a la hora de formar a los estudiantes.»

Ahora observa cómo se amplía la brecha de la segregación, no solo en las escuelas sino también en las comunidades, y sabe lo importante y fundamental que es el programa de coexistencia, no solo en su centro educativo sino también en el Líbano.

«En la escuela secundaria no enseñamos religión porque es una cuestión personal de los estudiantes, y ellos pueden decidir qué quieren ser. En el mundo árabe no es fácil elegir qué religión quieres profesar, porque hemos sido criados en esa fe, pero cuando te pones a leer sobre otras religiones, empiezas a apreciar la belleza de cada una de ellas.»

Dar clase fue un sueño hecho realidad para Hiba. Nació en Arabia Saudí y pasó su infancia con sus padres, que huyeron del Líbano durante la guerra civil. Sus recuerdos de guardería están vinculados al de una profesora indobritánica, la señorita Prema, a la que los niños llamaban, cariñosamente, «tía». Hiba la adoraba y la imitaba en casa, adoptando su acento indio cuando hablaba inglés y pidiendo a sus hermanos mayores que actuaran como sus estudiantes.

Mientras crecía, continuó interesándose por la educación, y en la escuela secundaria se interesó también por la biología antes de estudiarla en la universidad. Aunque sus padres esperaban que se formara en medicina —«Ya sabes cómo los padres tratan de dar forma a tus sueños»—, Hiba estaba decidida a ser profesora.

«Es mi pasión. Y creo, no sé si será cierto, que la enseñanza es un talento, ¿sabes?, más que una decisión que uno adopta, lo mismo que un músico o un artista, todo empieza con el talento.»

Ella se mantuvo firme respecto a lo que quería estudiar. Al hablar sobre ello ahora, menciona que su padre deseaba con orgullo tener una hija doctora y no podía entender que la enseñanza mereciera un respeto similar.

«¡Pero nosotros enseñamos a los doctores del futuro! Los profesores son la prioridad.»

Puedo ver esto con mucha fuerza en Hiba, una vocación por la enseñanza y un compromiso inquebrantable para educar a sus estudiantes, y no solo en el ámbito de la ciencia. Lamentablemente, cada cierto tiempo se han visto a prueba.

«Es difícil cuando los estudiantes están viviendo días caóticos, a medida que pasamos por guerras, la pandemia, la crisis económica y demás, y solo están esperando algo de descanso, los instantes de paz que obtienen a través de nuestras palabras. Y aunque tal vez no sintamos que la comunidad o nuestro país sean seguros en este momento, debemos brindarles esperanza. Debemos difundir la positividad a pesar de la negatividad que nos rodea. Vemos corrupción en cada rincón y no podemos cambiar nada más que la pequeña comunidad que es la escuela.»

Hiba se centra en despertar la esperanza en sus estudiantes y en alentarlos a encarnar el cambio que necesitan. Me maravilla su resiliencia, y quiero saber cómo sigue adelante, enfrentándose a menudo a la desesperanza. ¿Qué es lo que le otorga este poder?

«Es la propia fe, creer en nuestro deber como mensajeros de paz y esperanza. Y, en mi caso, creo que Dios me otorga la ciencia y la capacidad de difundir positividad.»

La religión es un tema recurrente en nuestra conversación, y la fe de Hiba es el fundamento de su vida. Habla del acto de orar como una comunicación y de cómo la presencia de Dios le brinda una paz profunda en su corazón, sin importar si es real o no. Y puedo sentirme identificada con eso, ya que se requiere un tipo específico de energía y meditación para mantenernos en el camino, independientemente de nuestras creencias.

«Nos miran —los estudiantes, los padres, la comunidad misma—, nos miran y creen que tal vez vivimos una vida diferente a la que ellos viven, o que nunca cometemos errores, ¿sabes?, pero por supuesto que cometemos errores, somos humanos. Te daré un ejemplo muy sencillo. Conversaba con una de mis alumnas y ella había tenido una discusión con su madre acerca de hacer su cama antes de venir a la escuela. Le conté que yo hago mis propias tareas —como lavar la ropa, por ejemplo—, y ella se quedó asombrada. Le dije que, claro, soy un ser humano como ella y hago las cosas que debo hacer.»

Hiba es muy consciente de que algunos estudiantes ven a los profesores como superhéroes, y sus padres también utilizan esto en su beneficio, pidiéndole que intervenga en ciertas situaciones. Ella cree que los profesores tienen un papel igual de importante que los padres en casa, porque cuando los estudiantes vienen a la escuela, están entregando sus mentes y sus corazones. Nosotros, los profesores, somos en parte responsables de moldear sus personalidades.

«Siempre tengo que ser consciente de lo que hago y de lo que no, porque ellos me observan constantemente, soy un ejemplo para ellos.»

Además del reconocimiento por su trabajo, Hiba afirma que su logro más valioso y conmovedor es cuando los alumnos le envían mensajes para contarle que van a estudiar Biología, a convertirse en profesores, a solicitar el ingreso en la universidad a la que ella asistió o incluso para decirle que ella ha tenido un impacto positivo en sus vidas.

«Creo que dejar una marca tan positiva en la vida de los estudiantes es un logro precioso, así que supongo que cambiar sus vidas es mi premio. Mis estudiantes me inspiran en la misma medida en que yo los inspiro a ellos; es un círculo de inspiración.»

Ella relata la historia de una niña, Rama, a quien había dado clase durante varios años. Fue diagnosticada con cáncer a los dieciséis años y llamó a Hiba para decírselo. Fue un momento increíblemente difícil para Rama y su familia, pero Hiba también lo pasó mal debido a su larga relación con ella y quiso apoyarla de cualquier manera posible. Pasaron tiempo juntas y Hiba la acompañó al Centro de Cáncer Infantil. Fue duro, pero también reconfortante y positivo.

«Rama era realmente muy fuerte, una superviviente. Ahora está cumpliendo todos sus sueños, después de haberse curado, y estudia para ser piloto. Estoy muy orgullosa de ella. Su madre y su padre quisieron conocer a las personas que me habían criado, y les presenté a mis padres, lo cual fue muy emotivo.»

Creo que esta historia es particularmente relevante porque como profesores a menudo sentimos que es nuestra responsabilidad arreglarlo todo, pero hay momentos en los que no podemos, cuando la situación está fuera de nuestro control, y es entonces cuando duele; sin embargo, lo que sí podemos hacer es estar presentes.

En el mundo árabe hay varios temas tabú a los que Hiba se enfrenta a diario. Además de la religión, existen cuestiones de sexualidad, igualdad y género que son difíciles de abordar en su cultura.

Hace poco tuvo que hacer frente a una situación de acoso a propósito de una conversación sobre la homosexualidad y la diversidad religiosa.

«Les dije que aceptar algo no significa que tengas que creer en ello. Sean cuales sean las creencias de una persona o la forma en que vive su vida, son elección suya. Todos somos humanos y nuestra presencia debería ser aceptada y respetada, ya seamos musulmanes, judíos, cristianos, heterosexuales o no. Yo no soy cristiana y no creo en lo que ellos creen, pero respeto su creencia. La religión no es una barrera. Compartimos este planeta.»

Hiba recuerda un grupo de debate en el que había una mezcla de religiones y en el que se discutía la convivencia entre diferentes religiones en diferentes regiones del Líbano. Un estudiante se levantó.

«Dijo: "Señorita, es como un ejercicio de matemáticas. No importa cómo lo resuelvas, siempre llegarás a la misma solución, y Dios es esa solución. Tomes el camino que tomes, llegarás a él". Nunca había pensado en la religión de esta manera. No pude evitar aplaudir cuando terminó de hablar.»

Hiba cree que los maestros son agentes del cambio y deben alentar a los estudiantes a soñar a lo grande, pero no es suficiente soñar sin un plan para alcanzar el objetivo. Los padres también tienen un papel importante en esto.

«Necesitan ser buenos oyentes, porque los padres a menudo no escuchan. Especialmente a los adolescentes, la edad a la que un niño desarrolla su personalidad. Todos somos misteriosos a esa edad, nosotros también teníamos nuestros secretos cuando éramos adolescentes, así que hay que permitir que los niños abran ese cofre a sus padres y que confíen en ellos. Es mejor aconsejar en lugar de iniciar una discusión que no sirve ni para solucionar ni para enseñar nada; esto implica ser un buen oyente activo.»

Hiba sabe que tuvo la suerte de tener esto mientras crecía. De pequeña llegaba a casa de la escuela todos los días y le repetía a su madre todo lo que le había sucedido. Nunca sintió que su madre no quisiera escucharla. En la edad adulta, llama a su madre todos los días, a menudo dos veces al día.

Hiba dice algo que resuena profundamente conmigo, no solo como profesora, sino como madre. Dice: «Los padres deben dejar de soñar en nombre de sus hijos y permitirles soñar sus propios sueños». Y me pregunto, no por primera vez, cuántas veces he sido culpable de imponer mis propias ideas sobre lo que mis estudiantes y mis hijas deberían querer en lugar de escucharlos con más atención. Mi hija mayor asiste a la escuela en la que trabajo, lo cual debe de darle mucha vergüenza en ocasiones. Especialmente cuando sus compañeros le dicen: «Ay, qué maja es tu madre, es muy guay», y la experiencia que ella tiene de mí es que soy su madre, con todas las realidades que implica esa relación. Algo sobre lo que David Mitchell y yo también reflexionamos (página 283).

«Mi madre a veces me dice que hablar es fácil pero actuar es mucho más difícil. Todavía no soy madre, así que solo puedo hablar como profesora, pero todos mis alumnos son como mis hijos y tengo alrededor de trescientos treinta.»

Si cierro los ojos, todavía puedo ver a Hiba de pie en un escenario vacío, cantando frente a un auditorio lleno de desconocidos embelesados.

Mariela Guadagnoli

51 años, Gálvez, Santa Fe

«Hay paralelismos entre la arquitectura y la enseñanza. Una casa con posibilidades es como un niño con potencial; habría que abordar ambos con creatividad y esperanza.»

Mariela era arquitecta en la ciudad argentina de Santa Fe antes de convertirse en profesora. Provenía de una familia de educadores, por lo que dio por hecho que su futuro estaba en la enseñanza, pero inicialmente su pasión por la arquitectura era más fuerte. Mientras estudiaba Arquitectura en la universidad, uno de sus profesores presentó a la clase un texto para compartir y luego discutir. Cuando terminaron de leerlo, él hizo una bola con la hoja y la tiró.

«Dijo que era un mal texto que le habían exigido darnos porque estaba en el currículo, pero que él fuera nuestro profesor no significaba que siempre tuviera la razón y que debíamos pensar por nosotros mismos.»

Mariela se ríe al recordar esto. No solo su profesor le había dado la libertad de llegar a sus propias conclusiones, sino que también le había mostrado lo que significaba ser profesor. Cuando se licenció, la invitaron a una escuela primaria para dar clases de tecnología y supo de inmediato que era donde quería estar. Esto fue hace veinticuatro años y no se ha arrepentido.

«Hay paralelos entre la arquitectura y la enseñanza. Una casa con posibilidades es como un niño con potencial; ambos deben abordarse con creatividad y esperanza. También es cuestión de perspectiva, algo que apliqué de mi primera carrera a la segunda.»

Creo que esta es una forma sencilla pero fundamental de observar la relación entre el niño y el profesor.

Hay una historia que refleja esto de forma muy hermosa. Mariela fue invitada a trabajar en un proyecto comunitario que combinaba su conocimiento de la arquitectura con su profesión como educadora. A sus estudiantes y a ella se les pidió que rediseñaran una plaza histórica de Santa Fe, lo que implicaba la renovación de grandes murales con diferentes técnicas artísticas. A través de este proyecto, los niños estudiaron una variedad de temas para crear una historia visual, incorporando a René Favaloro, renombrado cardiólogo y activista de la salud, considerado el segundo argentino más importante de todos los tiempos. Dondequiera que lo incluyeran, también pintaban un árbol con corazones, que reflejaba su vocación. Hubo mucha emoción en torno al proyecto y el alcalde fue a ver el trabajo que estaban haciendo y a felicitar a todos. Había un niño muy tímido, Matías, cuya reacción tomó momentáneamente por sorpresa a Mariela.

«Tras el elogio del alcalde, Matías corrió hacia mí y se abrazó a mi cintura. Me estrechó con fuerza. No dijo una palabra pero, en ese instante, pude sentir lo importante que la experiencia había sido para él. Su abrazo no solo decía: "¡Lo hemos conseguido!", creo que también indicaba que había descubierto su propia valía.»

Gran creyente en educar con el ejemplo, Mariela sabe que este papel no solo corresponde al maestro, sino también a los padres.

«Todos somos educadores en la vida de nuestros hijos, y los padres son la parte más importante en todo esto. ¡Deben animar a sus hijos en este "proyecto" de vida!»

Mariela enseña tecnología en cuatro escuelas y cada una es muy diferente: una escuela especializada para alumnos desfavorecidos, un instituto técnico para estudiantes de trece a diecinueve años, una escuela privada católica y una escuela primaria con una mezcla de estudiantes. En su carrera se ha enfrentado a dos batallas principales. La primera como profesora que trabaja en un instituto técnico lleno de hombres. La segunda tuvo que ver con que los demás confiaran en su metodología, ya que no recurre a los exámenes convencionales, sino a la evaluación continua. Cree en este método por los resultados que alcanza. Sus estudiantes y ella han ganado premios regionales y nacionales, así como menciones por sus proyectos innovadores. Sin embargo, ella no mide sus logros según estos éxitos. Lo que la motiva son las respuestas de aquellos a los que enseña, muchos de los cuales piden al director de la escuela que les permita unirse a la clase de Mariela.

«La mejor sensación es cuando los alumnos se han graduado y te cuentan el impacto que tus clases han tenido en ellos debido al proceso de aprendizaje, y cómo les enseñé a defender aquello en lo que creían. Mi clase les influyó en el mejor sentido posible y me recuerdan con mucho cariño. Eso es muy valioso.»

Ignacio era uno de estos estudiantes. Era un chico inteligente y con una conducta problemática debida a su entorno familiar. Un par de años antes, al principio de su adolescencia, tuvo que repetir curso porque no quiso presentarse a los exámenes. Por lo tanto, se mostraba aburrido e inquieto y era un alborotador. Entonces apareció Mariela y su método de aprendizaje basado en proyectos. Ignacio se unió a su clase y ella adaptó su proceso de evaluación para que él pudiera participar, y en unas semanas Ignacio estaba volcado en el trabajo.

«Teníamos que resolver un problema técnico específico. El terreno de la escuela se inundaba cuando llovía, por lo que debíamos encontrar una solución, y uno de los elementos del proyecto de los estudiantes era fabricar adoquines a partir de materiales reciclados desechados por la sociedad. Ignacio se interesó en la idea y trajo un plástico que podíamos probar.»

Durante el año en que Mariela dio clase a Ignacio, se centró en integrarlo en la vida escolar y en servirle de inspiración; a menudo lo llevaba con ella a las ferias de ciencia. Descubrió que su alumno se había sentido juzgado por todos los profesores y que odiaba la etiqueta de «mal estudiante» que le habían colgado, pero que se sentía incapaz de cambiarla.

«Cuando lo seleccioné para representar el proyecto de adoquines de nuestra escuela en una feria de ciencia él no entendió por qué lo había elegido entre otros cuarenta alumnos, pero se sintió emocionado. Confesó que había estado a punto de dejar la escuela, pero que el proyecto y mis clases lo habían convencido para quedarse. No puedo expresar hasta qué punto esto me hace feliz.»

Sé exactamente cómo se siente Mariela. Hace poco Ignacio contactó con ella para contarle que abandonaba el instituto técnico por la escuela secundaria, lo que implicaría estudiar un año menos. Él quería asegurarle que era una decisión positiva.

«Dijo que podía fiarme de él, que esperaba que mi creencia en él continuara y que no me defraudaría.»

A veces es difícil para los profesores descubrir el potencial de un individuo, pero nuestro trabajo consiste en seguir intentándolo, incluso —o especialmente— cuando los niños no nos hacen caso. Mariela perseveró con Ignacio y debería estar muy orgullosa por los dos.

«Nos considero buscadores de talento, una descripción que le oí a otro profesor y que creo muy apropiada. Nuestro trabajo consiste en prestar atención a los niños, aprender de ellos e iluminar su aprendizaje. Es necesario colmar sus corazones abiertos.»

Howard Freed

69 años, Hertfordshire, Reino Unido

«He visto las consecuencias de la adversidad en los niños a los que he dado clase, que tenían toda una vida por delante pero fueron víctimas de las circunstancias. Esto hace que los estudiantes que encontraron el camino hacia una buena profesión y una vida feliz sean aún más asombrosos.»

Howard ha sido educador en Londres durante cuarenta y seis años. De profesor de economía a director y ahora mentor y formador de personal directivo, su viaje le ha llevado a lo largo de diversas comunidades y escuelas. Él es la voz de la experiencia, la razón y la inspiración, y me siento honrada de llamarlo amigo, además de considerarlo un valioso compañero. Es el padrino de la enseñanza.

«Mi primer empleo fue en 1976 en la Escuela Secundaria Reynolds de Acton, en el oeste de Londres. No conocía la zona en absoluto. Fue el primer puesto que me ofrecieron, lo acepté y me enamoré de la enseñanza.»

En 1984, tres escuelas secundarias locales se fusionaron en una sola, entre ellas la de Howard, y él se convirtió en parte del equipo de liderazgo de la recién establecida Escuela Secundaria Acton. Esta escuela acogía a niños del South Acton Estate, uno de los barrios más desfavorecidos de Londres, donde crecían en circunstancias muy difíciles, incluyendo la pobreza extrema y altas tasas de suicidio.

«Muchos de los niños provenían de familias sin estudios. No tenían aspiraciones. Eran un desafío, pero si lograbas conectar con ellos, realmente querían aprender. Las probabilidades eran bajas, pero conseguimos que la mayoría de los estudiantes aprobara sus exámenes, y muchos de ellos fueron a la universidad y llegaron a tener trabajo en carreras profesionales, incluyendo un inspector de la Oficina de Estándares en Educación, un ingeniero y un abogado.»

Además de enseñar economía para el CGES y en bachillerato, Howard asumió un papel de responsabilidad y se convirtió en coordinador, lidiando con numerosos incidentes que, en raras ocasiones, implicaban llamar a una ambulancia. Un día, Howard resolvía una pelea entre estudiantes, y al otro, esos mismos chicos se reunían en el equipo de fútbol, orgullosos de jugar juntos en nombre de su escuela.

«Eran el tipo de chavales que podían volverte loco. Sé que les hicieron la vida imposible a algunos profesores. También eran absolutamente adorables para muchos de nosotros. Si tu coche no arrancaba, se peleaban entre ellos para empujarlo y echarte una mano.»

Siempre me fascina saber cómo los profesores construyen este tipo de vínculo con sus estudiantes. Para Howard es sencillo. Él cree que si los niños son conscientes de que te preocupas por ellos y de que quieres que les vaya bien, responderán a eso. Aunque el mal comportamiento en ocasiones es inevitable, es responsabilidad del profesor y de los padres reafirmar los límites, reprender y, lo que es más importante, perdonar.

«Siempre estuve de su lado y ellos lo sabían. Hace muchos años, fui testigo en un juicio de uno de mis estudiantes. Lo que había hecho estaba mal y, por supuesto, fui sincero al respecto, pero también quise expresar todas las cualidades positivas de este chico.»

Howard recuerda un viaje escolar a Margate. Estos días de excursión supusieron un gran esfuerzo para la escuela, con cinco autocares y mucho apoyo del personal. Muchos de los estudiantes nunca habían salido de Acton ni habían visto el mar antes, por lo que este fue un momento importante en su infancia. Los alumnos pasearon por la ciudad y fueron a la playa, con la esperanza de que les dejaran pasar un rato en el parque de atracciones. Todos se portaron bien y el día pasó sin ningún incidente hasta regresar al autobús.

«Un gran porcentaje de nuestros estudiantes procedía de un entorno afrocaribeño. Mientras volvíamos al autobús, un grupo de jóvenes blancos empezó a soltar insultos. Pude sentir como me invadía la ira y sabía que nuestros chicos estaban listos para salir y darles para el pelo, por lo que les pedí a los chóferes que arrancaran de inmediato. De camino a casa hablamos del asunto y los profesores explicaron por qué habíamos evitado que respondieran a las provocaciones racistas. Lo entendieron, pero, como es natural, fue duro para ellos.»

Howard atribuye a sus estudiantes haberle enseñado resiliencia. Estos niños desfavorecidos crecían en una pobreza extrema, rodeados de prejuicios.

«Vivían en bloques de viviendas de mala calidad, atrapados en un círculo vicioso: el ayuntamiento los acusaba de no cuidar el entorno, y esto se utilizaba como excusa para no invertir dinero en esos bloques, de modo que la situación no mejoraba. Y cada mañana los niños abandonaban ese lugar para venir a nuestra escuela, y aprendían, reían y se divertían.»

Howard sigue en contacto con muchos de sus antiguos alumnos de las escuelas secundarias de Acton y Reynolds a través de las redes sociales. Los más mayores ahora tienen sesenta y pocos años, pero algunos no llegaron a los cincuenta.

«Esto es lo que más pena me da. No murieron por adicciones o violencia; tuvieron cáncer o diabetes, enfermedades que pueden ser habituales en la pobreza. Y seguimos permitiendo que muchas familias vivan así. He visto las consecuencias de la adversidad en los niños a los que he dado clase, que tenían toda una vida por delante pero fueron víctimas de las circunstancias. Esto hace que los estudiantes que encontraron el camino hacia una buena profesión y una vida feliz sean aún más asombrosos.»

Para Howard ha sido un gran privilegio y un placer ser profesor en cinco escuelas durante su apreciada carrera, rodeado por alumnos inspiradores en cada ocasión. Después de una década dando clase en Acton, pasó a ser subdirector en Enfield. La escuela tenía muchos niños de origen grecochipriota, y Howard se sintió cómodo enseguida. Howard es judío, y la primera reunión de padres a la que asistió le recordó a un bar mitzvá, con todos hablando por encima del otro y tocándose con confianza. Vio lo especial que era tener padres que creían en la escuela y apoyaban su visión para los estudiantes. Trabajar en esa comunidad fue uno de los muchos momentos destacados de su carrera.

Después de esto, el primer cargo directivo de Howard fue en una zona difícil de Leytonstone, al este de Londres, donde ocasionalmente tenía que arrebatar bates de béisbol a padres o a familias que esperaban fuera de la escuela al final del día, por no hablar de los niños. Los padres o familias llegaban al patio con quejas contra otro niño o su familia, y Howard y el personal mantuvieron una actitud de tolerancia cero para mantener a los niños a salvo.

«La escuela tenía poca demanda cuando llegué como nuevo director, y teníamos un personal bastante joven, pero los estudiantes creían en nosotros. Durante mi tiempo como director, la escuela superó la demanda para la que estaba preparada. Uno de los momentos más memorables allí fue cuando uno de mis estupendos subdirectores quiso traer a gente famosa para nuestros eventos de entrega de premios. Fue una excelente forma de motivar a los estudiantes. Un año invitó a Ian Wright, futbolista de la Premier League, que jugaba para el Arsenal por aquel entonces. Para nuestra sorpresa, aceptó. Vino a mi oficina a almorzar antes de la entrega de premios. Los niños se enteraron y treparon por las ventanas y los tubos de desagüe hasta mi oficina para poder verlo. Ian se portó fenomenal con todos en el evento y dejó una escuela llena de niños inspirados. Nunca olvidarán ese día.»

Después de ocho años en Leytonstone, el segundo y último

puesto directivo de Howard fue en Pinner, North Harrow, donde estuvo más de trece años. Era un suburbio más próspero a las afueras del noroeste de Londres. Durante su tiempo como director, la escuela demostró un alto rendimiento, un éxito creciente, y fue manifiestamente inclusiva, algo que siempre ha sido importante para Howard.

«Teníamos tres chicos con múltiples necesidades; entre ellas, autismo y TDAH. Siempre venían a verme en el recreo o la hora del almuerzo para conversar. La forma en que afrontaban sus años escolares era increíble. Participaban en las actividades y eventos escolares, y el resto de los alumnos y el personal del centro se portaban genial con ellos. Siguieron sus estudios en el instituto local. Fue difícil dejarlos ir y deseé haber tenido los recursos para que se quedaran con nosotros.»

Cuando Howard se unió a este centro, ninguna escuela secundaria en Harrow impartía bachillerato. Este había sido un problema que la autoridad local se había negado a abordar. Los padres del vecindario habían estado haciendo campaña y Howard no había podido encontrar una solución, hasta que realizó un viaje del British Council a Polonia, junto con los directores de otras cinco escuelas secundarias en Harrow. Estaban en un tren de Varsovia a Cracovia cuando trataron el problema y acordaron un plan de acción.

«Nos dimos la mano en ese tren y pusimos en marcha lo que fue el mayor riesgo profesional de nuestras carreras, que amenazaba la estabilidad financiera de las escuelas y, por lo tanto, nuestros trabajos y reputaciones. Durante los dos años siguientes, de 2003 a 2005, trazamos un plan, escribimos cartas, organizamos reuniones y obtuvimos el apoyo de padres y directores. En 2006, en contra de los deseos de las autoridades locales, cada escuela creó clases de bachillerato, con 444 estudiantes en total. Ciento diecisiete de ellos se apuntaron al bachillerato en mi escuela. No teníamos dinero y se nos negaba la financiación. Parecía que todo iba a ser un desastre. Para resumir una larga y laboriosa historia, nos unimos a un colegio local cuya directora era brillante y permitió que la financiación se canalizara a través de su colegio. Finalmente, conseguimos que todos estuvieran de acuerdo, incluyendo el consejo. El momento más importante para mí fue cuando esos 117 estudiantes entraron en mi escuela para su primera clase en el duodécimo curso. Ahora hay más de 2.500 estudiantes de bachillerato en las escuelas secundarias de Harrow.»

Quiero felicitar a Howard y a sus colegas por su paciencia, su compromiso y su visión. Vieron una necesidad y asumieron riesgos para ponerle solución. Howard señala rápidamente que solo tuvieron éxito porque fue un esfuerzo conjunto entre las escuelas y hubo una confianza mutua. Se trató de colaboración, no de competencia, algo que debería ocurrir en la red local de escuelas de cada comunidad.

«Para mi vergüenza, cuando me jubilé, la escuela insistió en nombrar el nuevo edificio de bachillerato como Centro de Bachillerato Howard. Aquello me abrumó. Mi mayor pena fue que mis padres no estuvieran vivos para verlo. Habrían asistido con orgullo a la ceremonia de inauguración. Mi esposa y mis hijas fueron, lo cual fue encantador.»

Como padre, Howard empatiza con la culpa que los padres llevan consigo. Él dice que debemos aceptarla y aprender a vivir con ella en lugar de convertirla en una energía negativa. La crianza de los hijos es imperfecta, todos somos imperfectos. Debemos dar a nuestros hijos un amor incondicional pero no confundirlo con eliminar los límites, porque la estructura es parte del cuidado, no del castigo.

Howard quiere que todos los padres se interesen de verdad en la educación de sus hijos, pero que también permitan que el niño exprese lo que quiere hacer, y que no hagan por defecto lo que los padres piensan que debería hacer. Hay que permitirles cometer sus propios errores y luego ayudarlos a recuperarse de ellos.

«No impongas tu entorno y tus experiencias a tu hijo; es diferente a ti y tiene que encontrar su camino en la vida. Creo que el propósito de la paternidad es que los hijos crezcan y puedan tener, en la medida de lo posible, vidas felices y satisfactorias. Pero sus vidas pueden no parecerse en nada a la tuya. Debes aceptarlo y no juzgarlo.»

Howard no es solo un guía para los jóvenes, sino también para sus colegas, de quienes cree que necesitan tener la clásica combinación de autoconfianza y humildad que caracteriza a los profesores. Uno de sus impulsos clave como director ha sido el desarrollo profesional del personal. Se siente increíblemente orgulloso de los treinta y tantos directores con los que ha trabajado, ya sea como compañeros en las dos escuelas que dirigió o a través de los programas de formación y tutoría que ha liderado. Cuando Howard habla, todos escuchamos.

Barbara Zielonka

39 años, Nannestad, Noruega

«Todo empieza con el aprendizaje social emocional. Deberíamos pasar las primeras semanas del año escolar centrados en crear vínculos sanos con nuestros estudiantes. Las habilidades para la vida son mucho más importantes que las calificaciones.»

Barbara nació y creció en Polonia. Hija de dos profesores, supo desde muy pequeña que quería formar parte de la profesión, inspirada por la devoción de sus progenitores hacia el mundo educativo. Cuando obtuvo su título de máster, dio por hecho que daría clase en Polonia, pero un encuentro fortuito con un profesor visitante procedente de Noruega cambió el curso de su vida. No solo podría ganar más dinero en el extranjero, sino que además eso conllevaría un montón de oportunidades para ella, incluyendo viajar, algo que la apasionaba. Con veinticinco años se marchó de Polonia.

Durante los últimos catorce años, Barbara ha dado clase de inglés en una escuela secundaria en Nannestad, en el este de Noruega, un lugar en el que se siente como en casa. La escuela ofrece itinerarios pedagógicos académicos y vocacionales, entre ellos estudios en medios y comunicación, ventas y servicios, deportes, atención a la salud y hospitalidad, a sus 900 estudiantes, algunos de los cuales se decantarán por el mundo educativo, mientras que otros se dirigirán hacia el ámbito de la industria. Uno de los mayores empleadores de la zona es el aeropuerto internacional de Oslo, y la escuela colabora con este y con otras empresas locales a fin de definir futuros empleos para sus alumnos. Parte del papel de Barbara consiste en enseñar inglés aplicado al ámbito industrial, para que los estudiantes obtengan un conocimiento práctico de la lengua que los prepare para el mundo laboral.

Cuando Barbara empezó a dar clase le sorprendió la falta de diversidad reinante en la primera escuela noruega en la que trabajó, con menos del diez por ciento de los niños procedentes de otros lugares, principalmente Siria, Afganistán y Suecia. Ahora su clase está formada por un sesenta por ciento de personas nacidas en Noruega y el resto procedentes de muchos otros países y de entornos diversos. Barbara cree que es esencial crear relaciones con los estudiantes lo antes posible para descubrir quiénes son, sus fortalezas y en qué aspectos necesitan ayuda. Al inicio del año escolar se entrevista con cada uno de los estudiantes, y a veces las respuestas son inesperadas.

«Tuve una reunión con un alumno, Mateus, de quince años, que padecía una severa dislexia y había tenido una mala experiencia previa en la clase de inglés. Odiaba la asignatura y me dijo que no le apetecía participar en mis clases. Pero lo que me sorprendió fue que me dijera que era mejor que yo no perdiera mi tiempo con él y que se lo dedicara a otros alumnos que lo merecían más. No sentía que él valiera la pena.»

Los anteriores profesores la habían advertido del bajo rendimiento de Mateus, pero ella hizo caso omiso. Asegura que no atiende a lo que le dicen de un alumno ni a las etiquetas que se le han puesto; su trabajo consiste en llegar a sus propias conclusiones. En este caso sabía que Mateus necesitaba ayuda urgente y que la respuesta era utilizar tecnología digital, algo que defiende enérgicamente en el caso de estudiantes con problemas de aprendizaje y que no responden a la enseñanza tradicional. Barbara empezó poniendo en práctica estrategias diseñadas para que Mateus olvidara su trastorno de aprendizaje, e introduciéndolo en programas de reconocimiento de voz, patrones de lectura y programas de conversión de texto a voz.

«Tenía la sensación de que Mateus había pasado su vida escolar con la etiqueta de "disléxico" escrita en la frente, y quise liberarlo de ella para que se abriera a lo que yo le enseñaba. Sus calificaciones evolucionaron del suspenso al notable. Lo he visto pasar de perder toda esperanza y fe a ganar confianza y, aunque para mí ha sido todo un logro, todo se le debe a él y a su compromiso. Nunca olvidaré a ese chico.»

Cuando un estudiante se beneficia de nuestra ayuda, nos inunda un sentimiento de triunfo, pero Barbara y yo conocemos la sensación de empoderamiento que aflora en nosotras al trabajar con alguien que ha perdido la fe en sí mismo. Ahora Mateus estudia electrónica en la universidad.

Barbara tiene la poderosa capacidad de ponerse en la piel de sus estudiantes y comprender lo que necesitan. Posee una gran empatía y cree que todos pueden lograrlo, sin importar su capacidad o el entorno del que provengan, si trabajan duro, muestran interés y toman la iniciativa. Esta convicción fue dolorosamente puesta a prueba en los primeros años de su carrera.

«Era mi segundo año en la escuela secundaria y un chico, Ishmael, se unió a la clase. Fue el primer chaval no noruego al que tuve como alumno. Era un huérfano procedente de Somalia y a cargo de una familia de acogida. En aquella época yo no sabía mucho de los niños procedentes de países africanos.»

La historia de Ishmael era trágica. Había sido testigo del asesinato de sus padres y después se había convertido en niño soldado en Somalia, donde luchó con un arma más grande y pesada que él mismo. Llegó a Noruega sin apenas hablar inglés y ni una palabra de noruego, por lo que estos factores se sumaban a las dificultades que ya afrontaba.

«Estaba completamente traumatizado. En clase guardaba silencio, no interactuaba con los niños de su edad ni quería ningún tipo de atención. Yo tenía unas tablillas de madera con el nombre de cada niño; cuando quería que alguien respondiera a una pregunta, mostraba la tablilla con su nombre. Una vez elegí la suya y leí su nombre dos veces. Ishmael ni siquiera estableció contacto visual. Era como si estuviera en clase físicamente, pero su mente estuviera del todo ausente.»

Aunque Ishmael había sido rescatado de una vida terrible, lo habían arrojado a un mundo que no comprendía. Todo debe de haber sido surrealista para él. Barbara estaba desesperada por comunicarse con él, pero no sabía cómo hacerlo.

«No puedo ni imaginarme cómo se sintió o lo que pensó. Yo no tenía referencias ni el conocimiento necesario para ayudarlo; confié en que nuestro estado del bienestar supiera cómo apoyarle, pero tampoco esto sirvió. Ahora todos tenemos formación, estrategias y técnicas, pero antes no era así.»

Sé que esta experiencia persigue a Barbara, y hasta qué punto fue devastador para Ishmael, que no pudo escapar al tormento de su infancia y acabó consumiendo drogas.

Estas son las situaciones que se quedan dentro de nosotros, y es fácil centrarse en nuestros fracasos. Cuando Barbara duda de su capacidad como profesora, vuelve a leer viejos mensajes de exalumnos que le recuerdan por qué se dedica a este trabajo. Uno de estos estudiantes fue Leah. Ella llegó a la clase de Barbara como una estudiante adelantada, que pasó de los cursos inferiores de secundaria al bachillerato. Era más pequeña que los demás alumnos, pero entendía el valor del trabajo duro, la motivación y la perseverancia.

«Al principio, Leah no creía que pudiera sacar sobresaliente, pero asumió la responsabilidad de su progreso académico y fue una de las mejores estudiantes que he tenido en mi carrera como docente. La mejor parte de la historia es que se hizo profesora de inglés. Todavía mantenemos el contacto de forma habitual y compartimos ideas y recursos pedagógicos.»

El rostro de Barbara se ilumina cuando habla de Leah. Ella es solo una de los muchos estudiantes con los que ha creado una relación de apoyo y confianza. No me sorprendería que Leah haya elegido trabajar como docente inspirada por su mentora.

«Todo empieza con el aprendizaje social emocional. Deberíamos pasar las primeras semanas del año escolar centrados en crear vínculos sanos con nuestros estudiantes. Las habilidades para la vida son mucho más importantes que las calificaciones. No me gusta medir el rendimiento. Los padres tampoco deberían angustiarse con eso. Tienen que ayudar a sus hijos a desarrollar su creatividad, su dignidad y autonomía, no premiarlos por cada sobresaliente que saquen, como a veces sucede aquí, en Noruega. Es una recompensa por el éxito, pero ¿dónde está el crecimiento personal? Tenemos que cambiar el chip.»

Comparto las opiniones de Barbara sobre la evaluación y cómo la educación no solo tiene que ver con las matemáticas y el inglés, sino que debería abarcar habilidades fundamentales. Ahora más que nunca, los jóvenes tienen dificultades para comunicarse con los demás y están más acostumbrados a mirar una pantalla que un rostro. Barbara ha sido una defensora de la tecnología digital en el aula, pero me interesa saber cómo se siente al respecto en general.

«Soy una gran fan de la tecnología digital. Si me hubieras planteado esta pregunta hace diez años, te habría dicho que había que aplicarla en la escuela y que deberíamos olvidarnos del papel, de los libros y del material escrito. Sin embargo, en los últimos cinco años mi perspectiva ha cambiado por completo. Ahora fomento la creación de espacios libres de teléfonos móviles en las ordenanzas comunitarias y soy muy selectiva a la hora de utilizar apps educativas.»

Este es un cambio fundamental en el planteamiento docente de Barbara. Mientras que antes animaba a sus compañeros a abrazar la tecnología digital, ahora es consciente del daño que puede causar si no establecemos límites para los niños y no se fomenta un tiempo libre de pantallas. Uno de los mensajes que Barbara comparte con sus alumnos es la tiranía de las redes sociales y del «miedo a perderse algo». Por el contrario, habla del poder y de la liberación de abrazar la «alegría de perderse algo».

«Nosotros, los adultos y los padres, necesitamos dar ejemplo y hacerlo por nosotros mismos también. Veo a tantos padres en el patio mirando sus teléfonos en lugar de mirar a los niños que tienen delante... Esto está sucediendo en todas partes, no solo en Noruega. Los niños son increíbles, y debemos descubrir quiénes son realmente hablando con ellos. Si la comunicación con ellos es buena, crecerán sabiendo cómo comunicarse bien con los demás, no solo a través de las redes sociales.»

Barbara comparte un mensaje importante que, como adultos, no podemos ignorar. Debemos dar ejemplo. Tomar descansos de nuestras pantallas es algo que todos debemos hacer más a menudo. Esto anima a los niños que nos rodean a hacer lo mismo y crea más oportunidades para una conversación significativa.

Swaroop Rawal

63 años, Bombay, India

«Dejad que vuestros hijos tomen algunas decisiones. De lo contrario, llegarán a adultos y no sabrán cómo hacerlo. Dejad que elijan su carrera, su forma de vestir, sus amigos y qué quieren comer. Sí, cometerán errores, pero es su decisión y aprenderán de ella.»

Cuando Swaroop abandonó los estudios a los diecisiete años, no esperaba ser catapultada a la industria cinematográfica de Bollywood. Aunque era de naturaleza tímida, disfrutaba siendo fotografiada, y su trabajo como modelo la llevó a una carrera en el cine y el teatro. A los veintiún años fue coronada Miss India. Se casó con su pareja, el actor de cine Paresh Rawal, tuvieron dos hijos y ella dejó de trabajar de buena gana para ser una madre a tiempo completo.

Cuando los niños fueron a la escuela, Swaroop asumió un papel activo en la recaudación de fondos en la Asociación de Padres y Maestros, y utilizó sus habilidades dramáticas para dirigir campamentos de verano centrados en el teatro. Las clases fueron un gran éxito y los niños clamaban por más.

«¡No hay niño en el mundo que pueda resistirse a mí! Y no es que yo sea arrogante, es que me encantan los niños y ellos lo perciben. Y a cambio me dan ellos también su amor. Es así de simple. Lo he aprendido de todos los estudiantes con los que he trabajado.»

Después de pasar un tiempo con Swaroop, puedo dar fe de su irresistible encanto.

Mientras estaba en la APM, el personal de la escuela fue invitado a un curso sobre trastornos del aprendizaje. En aquel entonces, a finales de la década de los noventa, este era un tema en gran medida ignorado en la India. Ninguno de los profesores tenía la intención de asistir, así que Swaroop fue en su lugar, en la creencia de que sería perjudicial para la escuela que no hubiera un representante. Fue a aprender.

«Poco después, mi marido me vio leyendo un libro pésimo y me preguntó por qué perdía mi valioso tiempo. Tenía razón. No me estaba juzgando. Nuestros hijos estaban en la escuela y contábamos con personal para ayudar con las tareas del hogar; no tenía excusa. Necesitaba hacer algo por los demás.»

Swaroop cursó un máster en Literatura Inglesa y trabajó como voluntaria en una clínica para niños con dificultades de aprendizaje. Enseñaba teatro. En su primera clase tuvo un grupo mixto: un estudiante con necesidades educativas, una chica con trastornos del habla y del lenguaje (afasia), un chico con trastorno de hiperactividad y otros muchos con dificultades de aprendizaje indefinidas.

«En un año, todos cambiaron. Prisha, la chica con afasia, era la más pequeña de la clase, pero se convirtió en la voz cantante, en la "abuela" de todo el mundo. Y Onkar, el niño con necesidades educativas, se negó a participar en la obra, pero quiso ser mi ayudante. El día de la representación, yo me olvidé de algo importante y él me lo recordó. Me sentí muy complacida. No les enseñaba más que habilidades sociales, pero eso les cambió la vida.»

A los cuarenta años, Swaroop realizó un doctorado sobre el papel del teatro en el desarrollo de habilidades vitales en niños con trastornos del aprendizaje. Durante su investigación conoció a una niña que se volvió muy importante para ella. Salah tenía once años, tenía dificultades en la escuela y sus padres la consideraban «infantil». Era evidente que tenían preferencia por su hermano.

«En mi clase, Salah era como mi cachorrito. Siempre estaba a mi lado. Una vez, llevé a mi grupo con necesidades educativas a la biblioteca y, cuando salimos, los chicos de la clase de Salah empezaron a burlarse de ella. Ya sabes, las cosas habituales sobre tener que ir a clases "especiales". Me di la vuelta de inmediato y les dije a los chicos que ella era en efecto especial y que solo los niños más encantadores tenían permiso para venir conmigo. Cambié el significado de la palabra.»

Con la ayuda de Swaroop, la confianza de Salah creció. Unos siete años después, Swaroop recibió una llamada de Salah. Trabajaba como becaria con uno de los más célebres diseñadores de moda de la India, como parte de su curso universitario, e invitó a Swaroop al desfile que estaba ayudando a organizar.

«Llegué y había un asiento para mí en primera fila. Los padres de Salah estaban sentados atrás del todo. Se lo dije a ella y ¿sabes lo que respondió? "Señora, fue usted quien marcó la diferencia." Nunca lo olvidaré.»

Swaroop cree que muchos niños diagnosticados con dificultades de aprendizaje tienen una inteligencia superior a la media. En el caso de Salah, padecía una abrumadora falta de confianza en sí misma y su transformación fue posible gracias a que Swaroop creyó en ella y le mostró el camino para que la chica también creyera en sí misma.

«¿Sabes? Nos esforzamos en aprender matemáticas, pero crecemos y usamos una calculadora. Como adultos, escribimos en un teclado y usamos un corrector ortográfico. En cuanto estos niños salgan de la escuela encontrarán su lugar en el mundo. Mi hijo tiene una caligrafía terrible, pero ha cursado un máster en Escritura de Guiones. Simplemente usa teclado para todo.»

En su tesis de doctorado, Swaroop escribió que iba a cambiar la vida de todos los niños del país. En aquel momento daba clase a diez alumnos. No puedo evitar admirar la determinación de esta mujer. Quienes leyeron la tesis pensaron que su declaración era demasiado ambiciosa e inalcanzable. Swaroop utiliza una cita de las escrituras sagradas del *Bhagavad Gita*.

«Krishna dice que debes concentrarte en tu objetivo. No te preocupes por los fracasos y éxitos, simplemente sigue haciéndolo y no olvides que lo estás haciendo en su nombre. Pensé que esto era maravilloso porque soy creyente y sabía que Dios estaba allí para ayudarme a hacerlo. También me di cuenta de que no podía cumplir mi misión trabajando en una sola escuela, tenía que ir más allá.»

Además de comprometerse a trabajar en escuelas del gobierno, Swaroop empezó a formar profesores en el estado de Guyarat. Argumentaba que, cuanto mayor fuera el número de profesores con los que trabajara, a más niños llegaría. Era importante para ella no dejar de dar clase a los alumnos, por lo que continuó con talleres de habilidades para la vida y sesiones de formación en el aula.

«Probablemente soy una de las pocas profesoras en el mundo que da clase desde preescolar hasta el posgrado. Enseño a los niños en las guarderías. Enseño a los niños que trabajan y a los que viven en la calle. Enseño a niños en escuelas de élite y en escuelas del gobierno. Y también a estudiantes de posgrado. Viajo a los diferentes estados de nuestro país y trabajo con el gobierno, con UNICEF y con Save the Children. Quiero traer de vuelta al aula al niño que trabaja en el campo.»

Swaroop ha ideado un currículo en espiral, con el teatro en el centro, que opera desde preescolar hasta la etapa de posgrado, ampliando y profundizando en sus reflexiones a medida que los alumnos maduran.

«Por ejemplo, si trabajamos las emociones, los niños más pequeños analizarán decisiones buenas y malas. Cuando estoy con alumnos de posgrado, les enseño cómo una mala decisión puede cambiarte la vida.»

Uno de los métodos que Swaroop utiliza para abordar la toma de decisiones y la resolución de problemas consiste en pedir a sus alumnos que escriban un diario. En él deben consignar una decisión, importante o irrelevante, que han tomado ese día y examinar si el resultado ha sido positivo o negativo. Si ha sido positivo, estupendo, pero si ha sido negativo, tienen que pensar en un curso de acción alternativo que podrían haber adoptado y dejar constancia de él. Esto permite a los niños ser conscientes de las consecuencias y les concede el poder de aprender de sus errores. La próxima vez podrán tomar otra decisión.

Swaroop me habla de uno de sus alumnos, Ajay, que tenía veinte años y se peleaba con todos sus compañeros de clase para sentarse al lado de ella. Se pasó la mayor parte de la pandemia jugando a videojuegos violentos e interactuando con sus amigos online. Durante este tiempo, les habló a sus colegas de las clases de habilidades para la vida de Swaroop y les enseñó los juegos que ella le había mostrado.

«Eso les sirvió a Ajay y a sus amigos para lidiar con el estrés. Les dio una sensación de vida más allá de la pandemia. Fue un momento terrible para estos chicos, en la cúspide de la independencia y con el temor a los cambios que se habrían operado en el mundo.»

Ajay no solo compartió las habilidades que le había transmitido Swaroop, sino que se apoyó en ellas en un momento aterrador en su vida. Él estaba con sus padres cuando tuvieron un terrible accidente en la autopista. Su madre quedó inconsciente, pero él logró sacarla del vehículo, y también a su padre. Mantuvo la calma y fue capaz de reanimar a su madre antes de llamar a la policía y a una ambulancia.

«Ajay me dijo que se mantuvo sereno y entró en el hospital sonriendo. Luego, cuando el médico lo atendió, se desplomó. Dijo que, durante todo el trauma, siguió pensando en el juego de resolución de problemas que yo solía jugar con la clase, y sabía que debía tomar las decisiones correctas en cada momento. Logró gestionar sus emociones, y yo estaba muy orgullosa de él.»

Una de las batallas constantes de Swaroop ha sido intentar que las chicas no abandonen el sistema escolar, igual que Ranjitsinh (página 68). Por razones económicas y de seguridad, es habitual que los padres que experimentan dificultades comprometan a sus hijas a los quince años y las casen poco después, aunque la edad legal para el matrimonio son los dieciocho años. Sonal era una de estas alumnas. Quería seguir estudiando, pero su familia se negaba.

«No estoy en contra del matrimonio, pero a una edad demasiado temprana impide que las jóvenes consigan lo que quieren en la vida. Sonal se reunió con sus padres y utilizó el proceso de resolución de problemas como una forma de comunicarse con ellos. De alguna manera, logró convencerlos para que la dejaran estudiar, y ahora va a ser doctora. ¿No es increíble? Sonal se sentía empoderada por las habilidades que yo le enseñé. Me envió una foto con la bata de doctora en la Facultad de Medicina.»

Mientras Sonal estaba estudiando, ganó un prestigioso premio de lectura y recibió un conjunto de libros como recompensa. Los leyó todos y luego los dejó en las residencias estudiantiles donde había estado viviendo.

«Le pregunté por qué no se había llevado los libros del premio con ella. Me explicó que quiso dejarlos para que otra chica pobre pudiera leerlos, ya que siempre habría otra Sonal que no podría permitirse comprar libros. Me dijo que yo le había enseñado a tener empatía.»

Los libros son fundamentales en la misión de Swaroop, primero como madre de dos hijos y luego como profesora. Es consciente de la importancia de leer cada día a los niños y hasta qué punto esto es crucial en el caso de los alumnos con dificultades de aprendizaje. Su otro consejo tiene que ver con el poder de decisión.

«Dejad que vuestros hijos tomen algunas decisiones. De lo contrario, llegarán a adultos y no sabrán cómo hacerlo. Dejad que elijan su carrera, su forma de vestir, sus amigos y qué quieren comer. Sí, cometerán errores, pero es su decisión y aprenderán de ella.»

Veinte años después de la audaz afirmación de Swaroop en su tesis de doctorado, donde mostró su determinación de llegar a todos los niños de su país, está a punto de lograrlo.

«El gobierno está preparando una nueva política educativa, una filosofía. La última tuvo lugar en 1986, así que ya ha pasado bastante tiempo. Han elegido a cien personas en todo el país y yo soy una de ellas. Participo en el grupo encargado de redactar el aspecto pedagógico y el currículo. Me emociona pensar que voy a formar parte de la elaboración del currículo para los niños de mi país.»

Estoy emocionadísima por Swaroop y su éxito no me sorprende en absoluto. Le apasiona introducir la diversión en las aulas y centrarse en las artes y deportes. Y no solo eso; también está centrada en reforzar la autoestima de sus alumnos.

«He sido testigo de profesores que faltan al respeto a los estudiantes, les ponen motes o les dicen que son estúpidos o perezosos. Si lo repites un número suficiente de veces, el niño se lo creerá. Se convierte en una profecía autocumplida. Esto es algo que me enerva.»

Swaroop descubre lo bueno de cada niño y lo celebra. A veces tiene la sensación de librar una batalla para protegerlos del sistema, o de los prejuicios, pero seguirá luchando por ellos el resto de su vida.

«En una mano sostengo una pluma, y en la otra, una espada, y voy a luchar por cada niño.»

Leticia Lyle

41 años, São Paulo, Brasil

«Como sociedad se nos enseña a dar respuestas y a llegar a conclusiones y grandes ideas, pero no se nos enseña a plantear preguntas. Como padres, a menudo somos culpables de desalentar o ignorar las preguntas, pero deberíamos animar a los niños a plantear más. Si no hacemos todos más preguntas, nos vamos a quedar estancados con las mismas respuestas.»

Al crecer en Brasil como hija de inmigrantes italianos muy trabajadores, Leticia ha experimentado tanto el privilegio como la adversidad. Cuando tenía nueve años, su madre la llevó de voluntaria a una escuela comunitaria en una favela (un área urbana empobrecida). Esto alentó en Leticia el deseo de cambiar el mundo. En la escuela no era una estudiante brillante, pero le encantaba dirigir el consejo escolar y organizar fiestas y viajes.

«Medía uno ochenta, ¡que para los estándares de Brasil es ser literalmente gigante! Llevaba aparato y hablaba en voz muy alta. Rebosaba confianza y era muy extrovertida. Siempre he creído que todas las voces importan. Lo que no podía comprender era por qué la gente no es más amable con los demás.»

Cuando Leticia tenía dieciséis años, su madre murió de cáncer. Un par de meses más tarde, su boletín de notas acumuló una serie de calificaciones inusualmente bajas. Por primera vez, Leticia se sintió decepcionada con el sistema educativo.

«Recuerdo haber pensado que aquello era muy injusto. ¿Había perdido a mi madre y ahora perdía mi inteligencia? Intento superar la pérdida de mi madre y la escuela me dice que no soy lo bastante buena. Pensé que el sistema se equivocaba. Debería decirme: "Eres una ganadora, estás viva, no has acabado en las drogas". Por suerte, mis profesores me ayudaron y eso fue lo que me hizo seguir adelante.»

Después de estudiar Empresariales, Cine y Derecho en la universidad, Leticia cumplió su sueño de convertirse en cineasta de documentales educativos, comprometida con mostrar el mundo a través de los ojos de otras personas. Tuvo cierto éxito, pero se sintió frustrada porque no creía poder llegar al suficiente número de personas para marcar una diferencia sustancial.

«Me fui a Nueva York, me casé con un estadounidense y decidí pasar un tiempo como voluntaria en diferentes programas. Al mes y medio ya trabajaba unas sesenta horas semanales en diversas iniciativas en comunidades empobrecidas en Harlem y el Bronx. Mi marido me dijo un día: "¿Cuándo vas a admitir que quieres ser profesora?". Fue como un despertar.»

Muchos familiares de Leticia son educadores, entre ellos su tía, que durante cuarenta años ha dado clase y ha vivido con los inuits en los territorios del norte, y su hermana, que ha creado una organización sin ánimo de lucro para construir bibliotecas en el Amazonas. ¿Por qué Leticia no había pensado antes en dedicarse a la docencia?

«Es un trabajo duro. El sueldo del profesorado es muy bajo en Brasil. Y si eras inteligente, se consideraba que te estabas desaprovechando si trabajabas en una escuela. Ahora tengo una respuesta para eso. Lo mejor que puedo hacer con mi inteligencia es convertirme en profesora, porque así es como puedo ejercer un mayor impacto con mi mente y mi corazón. Y además puedo cambiar el mundo. Esto no ocurriría si fuera una ejecutiva haciendo presentaciones en PowerPoint.»

En el Teachers College, la prestigiosa escuela de educación de la Universidad de Columbia, Nueva York, Leticia cursó un máster en Diseño Curricular y Educación Inclusiva.

«Recuerdo estar sentada en clase el primer día y pensar que había encontrado mi lugar. ¡Era como si los unicornios bailaran a mi alrededor, lanzando purpurina y proclamando mi felicidad!»

Esta es una fantástica descripción del momento en el que Leticia conectó con quien estaba destinada a ser. Esto no hizo que los estudios fueran más fáciles; además, estaba embarazada y mantenía un trabajo a tiempo completo como profesora de apoyo en una escuela pública. La experiencia educativa práctica que estaba adquiriendo era inestimable, y aquí es donde aprendió su primera lección de un estudiante. Alex estaba en quinto grado, tenía doce años y había sido diagnosticado con autismo. Estaba en una clase de niños con trastornos del aprendizaje. Cuando Leticia lo conoció, no pudo detectar evidencias del trastorno. Su comunicación verbal era buena, simplemente tenía problemas con la lectura y la escritura.

«Pensé que tal vez se trataba de un diagnóstico equivocado, pero como tenía esa etiqueta lo habían tratado de cierta forma durante años; la gente leía la "etiqueta" y no veía al niño. Pedí echar un vistazo a su cuaderno y la profesora dijo que no había nada en él y puso los ojos en blanco, pero en la esquina de cada página había pequeños dibujos que, al pasar rápidamente las páginas, se convertían en una animación. Fue una revelación. Cuando nació mi hija, él me dio su libro infantil favorito con la siguiente dedicatoria: "Cuando seas un poco más mayor, creo que este libro te gustará tanto como a mí". Era *Una serie de catastróficas desdichas*, de Lemony Snicket. Alex me enseñó que a los estudiantes se les imponen muchas etiquetas y que a veces estas son erróneas. Es de la vida de estos niños de lo que estamos hablando, y una vez que se les pone una etiqueta, pueden acarrearla para siempre.»

Leticia sabía que no podría ser el tipo de profesora que cumple las reglas. Igual que a Esther Wojcicki (página 104), su planteamiento innovador y su energía infinita le han granjeado muchos amigos, pero también algunos enemigos. Recién licenciada como docente en Nueva York, estaba llena de dudas. Jessica, una niña de ocho años, le enseñó a confiar en su instinto más visceral.

«Jessica era brillante, pero necesitaba atención e intentaba hacer amigos de una forma equivocada. Al final del año escolar había hecho una amiga, Nadia, que era dulce, pero muy mandona y gritona. No paraba de decirle a Jessica lo que tenía que hacer. En mitad de una lección, después de un altercado verbal, Jessica cogió un lápiz afilado y se lo clavó a Nadia en la mano. Mi conmoción fue absoluta.»

Leticia había trabajado estrechamente con Jessica y no podía imaginar qué había motivado este comportamiento. Envió a Nadia a la enfermería y sentó a Jessica en una silla en el pasillo.

«El incidente fue frustrante porque el resto de la clase se rio, cuando aquello no tenía ninguna gracia. Era algo trágico. Jessica se sentía consternada por su conducta, pero se negaba a disculparse, y la clase mostraba el mismo tipo de desconcierto; yo me sentía mal y perdida al mismo tiempo.»

Los compañeros de Leticia sugirieron que esto había sucedido porque era demasiado liberal en clase, su autoridad estaba en entredicho por ser tan alegre y jovial y por haber permitido que los estudiantes llegaran antes para bailar juntos antes de que empezaran las clases. Creían que esto fomentaba un comportamiento indisciplinado.

«Yo era un poco juguetona, lo admito, pero los otros profesores aprovecharon este acontecimiento para culparme. Me dijeron que no era lo suficientemente estricta y les creí. Me sentí fatal. Esa noche no pude dormir y escribí una carta a la clase.»

En la carta, Leticia dijo que entendía por qué se habían reído y que ella había hecho lo mismo de pequeña, pero que no le había gustado hacerlo. Les pidió poner en común lo que había ocurrido y pensar en cómo seguir adelante. Les dijo que no creía que ser estricta fuera a cambiar la forma en que se comportaban; en cambio, debía trabajar para ayudarlos a ser más compasivos entre ellos. Al día siguiente se reunió con Jessica.

«Aún estaba a la defensiva, pero dispuesta a hablar. Dijo que Nadia se había reído de ella y que la trataba mal. Algo había estallado en su interior. Había razones sinceras, pero yo quería saber por qué había pasado justo entonces, ya que era impropio de ella. Al principio Jessica no supo responder, y hablamos de otros elementos que influyen en nuestra reacción a determinadas situaciones. Cuando estamos cansados o frustrados, a veces perdemos el control, y ser conscientes de ello es importante. Al final de la conversación admitió que había sentido que la dejaban de lado porque Nadia había organizado una fiesta y no la había invitado. Por lo tanto, en realidad había reaccionado motivada por la ira ante esta situación; hablamos de cómo se sentía y de que se trataba de una emoción normal, pero que había maneras de controlarla.»

La ira es una emoción primaria que puede ser rápidamente desactivada. Una de las técnicas que Leticia enseña a sus estudiantes consiste en respirar —lenta y profundamente— antes de reaccionar. Es una forma de calmar la mente y tomar mejores decisiones. Enseñar autocontrol a los niños debería ser una parte fundamental de su jornada escolar.

«Jessica necesitaba mi ayuda para descubrir cuál había sido el detonante de su conducta. No podía hacerlo sola. Para mi frustración, ese mismo día entró su madre en clase e intentó agarrar a Nadia. Mi empatía con mis alumnos es ilimitada, pero tengo menos paciencia con el mal comportamiento de los adultos. Le pedí que abandonara mi clase y que habláramos en otro lugar. Jessica se cambió de escuela al año siguiente.»

Afrontar las expectativas y frustraciones de un padre o de una madre puede resultar difícil para un profesor. Leticia tenía un código de conducta claro, que desarrolló al principio de su carrera, a partir de sus primeras experiencias. Como la historia de la dulce Holly, una joven estudiante negra que había sido adoptada con cuatro años por una mujer blanca rica. Su madre tenía todo un séquito de personal para ocuparse de Holly y de su hermana, Beth, y paseaba a las niñas por la calle con ropa cara y el pelo alisado. Holly lo tenía casi todo, pero lo que más necesitaba eran amigos.

«Soy una gran defensora de que los niños jueguen y se relacionen después de la escuela, en lugar de sentarse a hacer deberes; por esa razón no doy tareas para hacer en casa. Holly era una buena alumna. No necesitaba estudiar más, necesitaba divertirse. No pasó mucho tiempo antes de que el director me llamara a su despacho, donde me encontré con la madre de Holly, que dijo: "¿Has visto el color de la piel de mi hija? ¿Crees que llegará a ser alguien si no entra en una universidad de la Ivy League? ¡Necesitan deberes!". Luego me dijo que Beth era guapa y que podría llegar a ser como Oprah o Beyoncé, pero que Holly no lo era, y por eso los deberes eran aún más importantes para ella. Fue atroz.»

Leticia respiró hondo y le contestó a la madre que entendía por qué pensaba que los deberes eran importantes, pero que ya hacían todo lo necesario en clase. En cambio, expresó su idea de que para Holly sería beneficioso conectar con sus raíces.

«Holly había estado hablando abiertamente acerca de en qué se parecía y en qué se diferenciaba del resto de la clase, y yo pensé que estaba haciendo preguntas excelentes. Le dije a su madre que habría que animarla a descubrir más acerca de su cultura. Ella se puso hecha una fiera y me gritó. No sé qué pasó con Holly, pero espero que haya encontrado sus respuestas.»

Su consejo más importante para los padres es escuchar a sus hijos con curiosidad, sin juzgar, hacer más preguntas y convertirlas en una reflexión personal y en una exploración compartida.

«Como sociedad, se nos enseña a dar respuestas y a llegar a conclusiones y grandes ideas, pero no se nos enseña a plantear preguntas. Como padres, a menudo somos culpables de desalentar o ignorar las preguntas, pero deberíamos animar a los niños a plantear más. Si no hacemos todos más preguntas, nos vamos a quedar estancados con las mismas respuestas.»

Después de cinco años en Nueva York, Leticia y su familia volvieron a Brasil y ella buscó trabajos en el ámbito de la enseñanza. Tras varios años de estudio, diversos premios y una amplia experiencia laboral, le dijeron que no estaba cualificada ni siquiera para ser profesora de apoyo. El sistema brasileño desconfiaba de su educación estadounidense y de su compromiso con el aprendizaje social y emocional. Ante esta situación, Leticia tomó las riendas y creó un proyecto de trastornos del aprendizaje y un programa de aprendizaje social y emocional gratuito para las escuelas públicas que ahora es accesible para dos millones de estudiantes. Estas experiencias la llevaron a su objetivo de emprendimiento: fundar su propia escuela junto con tres socios comerciales. La escuela Camino de São Paulo transforma la enseñanza tradicional en un aprendizaje activo y defiende tres principios fundamentales: hacernos responsables de nuestras propias vidas, formar parte de un todo más global y centrarse en la relación de aprendizaje entre el profesor, el estudiante y los padres.

Es un logro asombroso y exactamente lo que esperarías de la innovadora Leticia. Ella cree que cada niño la ha estimulado para ser una profesora mejor y ha desempeñado un papel fundamental en la escuela de la que está tan orgullosa hoy. En el mundo de la educación estamos constantemente pidiendo permiso, pero Leticia ve lo que debe hacerse y lo lleva a cabo. Reacciona a la cultura, a las necesidades de sus estudiantes y al entorno en el que se encuentran, y se compromete a llevar a cada estudiante por su propio camino.

«El punto de inflexión para mí fue hace muchos años, cuando hubo una terrible tormenta. Los niños estaban atrapados en la escuela mientras la tormenta rugía a nuestro alrededor. Había caos por todas partes, pedazos de techo cayendo, y se había ido la luz.»

La escuela pidió a los estudiantes que se quedaran en clase y los profesores fingieron que no estaban bajo unas condiciones meteorológicas extremas. Al principio Leticia trató de tranquilizar a los niños asustados, pero, en cuanto pasó lo peor de la tormenta, sintió que tenía que empoderar a los niños, que seguían temblando.

«Pensaba que aquello era ridículo y que no podíamos ignorar lo que estaba pasando. Junté a los estudiantes en tres grupos y asigné a uno la tarea de conseguir materiales de limpieza; el segundo grupo empleó iPads para entrevistar a las personas sobre la tormenta, y el tercero usó grandes bolsas de plástico para recoger escombros, como hojas y ramas. Pasamos todo el día sumergiéndonos en la experiencia. Los otros profesores pensaron que estaba siendo imprudente, pero la comunidad a la que pertenecían los niños había sido destruida; ¿se suponía que debían sentarse y esperar a que alguien viniera a limpiar? Tenían diez años y la oportunidad de marcar la diferencia en ese momento. No hay mejor experiencia de aprendizaje.»

Me encanta la actitud de Leticia hacia sus estudiantes. Como profesores podemos pasarnos de controladores, y a veces necesitamos soltar. Si les damos responsabilidad a los niños, eso los hará crecer. Si les permitimos tomar la iniciativa de vez en cuando, estarán a la altura del reto.

Armando Persico

55 años, Bérgamo, Italia

«Todos deberíamos sentir aprecio por los demás. No solo respeto, esa palabra no parece ser suficiente. En Italia el aprecio está en un nivel superior al respeto, y eso es lo que todos deberíamos poner de manifiesto. Creo que los padres deben predicar con el ejemplo, porque así sus hijos los imitarán.»

Armando vive en las montañas de Bérgamo, en la región de Lombardía, en Italia. Le encanta sumergirse en la naturaleza y ahora abraza la vida como nunca antes, después de un par de años duros durante la COVID. Su comunidad se encontraba en el epicentro del primer brote, y él cuenta cómo el constante sonido de las ambulancias ahogaba el canto de los pájaros. Su familia está recuperando la alegría mientras él se prepara para ser abuelo por primera vez y da un paso atrás en su ilustre carrera docente.

Después de estudiar Economía en la universidad, Armando fue contable durante diez años cuando recibió una llamada telefónica inesperada de una escuela privada local. Estaban buscando un profesor para llevar su curso de contabilidad para jóvenes de catorce a diecinueve años y le preguntaron si estaba interesado. Lo que al principio parecía ser un cambio en su carrera se convirtió enseguida en una vocación apasionada cuando Armando se dio cuenta de que estaba exactamente donde debía estar.

«Me encontré cara a cara con la humanidad, fue asombroso. Pasé tiempo con los estudiantes y me di cuenta de que su motivación para estudiar no provenía de los libros, sino de la vida, así que cambié mi método pedagógico y creé un programa de aprendizaje para emprendedores. Creo que deberíamos empezar con el aprendizaje a través de la experiencia antes de recurrir a los libros. Si comenzamos con un planteamiento práctico, la asignatura cobra vida para los estudiantes y luego responden mucho mejor al trabajo escrito.»

Como todo profesor excepcional con el que he hablado, Armando pone al estudiante en el centro de la enseñanza y responde a lo que necesita. Su escuela opera de la misma manera, centrándose más en el bienestar de los alumnos que en sus calificaciones, lo cual sigue siendo un enfoque poco común. Armando cree que si los profesores debatieran por qué están enseñando, comprenderían la importancia de su papel.

«El peligro es crear una línea de montaje donde estamos fabricando productos, no personas. Por el contrario, nosotros tenemos en cuenta a cada estudiante y sus diversas necesidades para poder determinar sus puntos de partida individuales y ayudarlos a crecer. Tengo la suerte de trabajar en un sistema privado que nos permite este lujo, pero debería ser la norma en todas las escuelas.»

El veinte por ciento de los alumnos de Armando se han convertido en emprendedores, una cifra muy superior al tres por ciento de la media en otros centros. Doscientos alumnos han creado al menos dos mil empleos y valiosas oportunidades para la comunidad.

«Este es el mejor resultado posible y, como su profesor, también supone un gran logro personal. En el trabajo que hago con mis estudiantes, enseñándoles cómo establecer sus propios negocios, les digo que, si asumen riesgos, también deben asumir las responsabilidades que vienen con ello.»

Se trata de un planteamiento dinámico y valiente, y es un logro extraordinario. Armando ha empoderado a sus estudiantes para meterse en carreras que ellos mismos han creado, para arriesgarse y para contribuir. Uno de los métodos que ha utilizado es crear pequeños grupos colaborativos. El aprendizaje cooperativo con compañeros es una herramienta poderosa y les enseña a comunicarse con otros, así como a proteger su propia voz. Esta es una habilidad para la vida, con independencia del camino que elijan en el futuro.

«En un grupo, primero deben tener confianza unos en otros. Esto es fundamental. Y deben respetar el acto de estudiar y sentir curiosidad al respecto, en lugar de sentirse derrotados, aburridos o desdeñosos. Aprecio un comportamiento positivo en las estructuras de grupos pequeños.»

Como profesor, Armando empodera a los grupos dando un paso atrás, pero siguiendo presente. Es un equilibrio difícil de lograr, pero él quiere que puedan expresarse plenamente, sin limitaciones.

«Les digo que sé muchas cosas y que estoy aquí para ayudarlos, pero que cada uno de ellos debe convertirse en el protagonista de su propia vida. Puedo apoyarlos en la resolución de problemas, pero no les voy a hacer yo el trabajo. Cuando cambié mi forma de enseñar, vi cuánto más seguros se sentían los estudiantes cuando podían asumir la responsabilidad de convertirse en quienes querían ser.»

Este es también un buen consejo para los padres. Tenemos muy interiorizado intervenir y resolver los problemas de nuestros hijos en lugar de darles las herramientas para que ellos mismos los afronten. Existe el peligro de que estemos educando a futuros adultos que no están preparados para afrontar los problemas con los que se encontrarán. Uno de los estudiantes que se benefició de este método fue Roberto, de dieciséis años, que también tenía un problema adicional que superar. Sufría un tartamudeo debilitante. Cuando Armando lo conoció, a Roberto le costó varios minutos terminar una oración.

«Puedes imaginar que la idea de hablar en público era muy difícil para él. Era increíblemente capaz, pero su confianza era inexistente debido a su tartamudeo. Creamos una miniempresa con su grupo y luego pensé en el papel que él podría desempeñar dentro de ella.»

Armando se reunió con los padres de Roberto. Tenían asumido que su tartamudeo lo acompañaría toda la vida, pero Armando tenía un plan. Les pidió que se reunieran con él, junto a Roberto, una vez al mes, para compartir los pasos que estaba dando para afrontar el problema y evaluar el progreso de su hijo. Su participación era fundamental para brindar apoyo a Roberto en todas las áreas de su vida. Armando también decidió darle más responsabilidades en el grupo de estudiantes, y en las siguientes semanas su confianza creció.

«Después de solo unos meses, pude ver que la autopercepción de Roberto estaba cambiando. Mientras trabajaba en la creación de la empresa, se dio cuenta de que lo que estaba creando era suyo. No era yo quien le decía qué hacer y qué pensar, las soluciones eran suyas y de su equipo, al igual que los problemas. Era propietario de algo y eso le colmaba de orgullo.»

Al final del trimestre, el grupo tuvo que hacer una presentación. Roberto se acercó a Armando y le dijo que creía que estaba listo para enfrentarse a una audiencia y hablar en público.

«¡Lo hizo! Su presentación estaba llena de ímpetu. Habló de algo que le apasionaba y lo hizo rápido pero con confianza. No tartamudeó ni una sola vez. Creo que esto se debió a que creía en sí mismo.»

Ahora Roberto es propietario de una compañía de seguros, con treinta empleados, y Armando está, con toda la razón, muy orgulloso de él. Y Roberto siente lo mismo hacia su gran profesor; siguen en contacto a día de hoy. Es la relación entre el estudiante y el profesor lo que destaca aquí, y cómo Armando le brindó el mejor entorno para prosperar e incluyó a sus padres en el viaje. Armando señala rápidamente que no siempre ha podido ofrecer esto a sus estudiantes.

«En los primeros días como profesor cometí errores. Aprendí

más de esos errores que de mis éxitos, y todavía hoy pienso en ellos. Como en el caso de una mis estudiantes, Simona.»

Simona había estado teniendo dificultades en la escuela durante un tiempo. Los exámenes se acercaban y Armando veía que no estaba en absoluto preparada y que no tenía ni idea de lo que estaba haciendo. Pensó que era imposible para ella continuar, así que le impidió presentarse al examen.

«En ese momento pensé que era la mejor decisión para ella. No lo fue, fue una decisión equivocada. Aún creo que habría suspendido el examen, pero esa no es la cuestión. Debería haber tomado la decisión con el equipo de profesores con el que trabajaba. Si la hubiera mirado a través de los ojos de otras personas, podría haber descubierto algo que yo no había detectado.»

Simona abandonó la escuela, pero, veinticinco años después, está felizmente establecida con una familia propia. Sin embargo, el recuerdo todavía lastra a Armando. Siempre se preguntará si fue una oportunidad perdida para ella. Mirándolo desde una perspectiva positiva, la situación se convirtió en el catalizador que necesitaba y lo impulsó a convertirse en el profesor que es hoy en día.

«Me enseñó a creer en los estudiantes y a respetar el triángulo de escuela, padres y alumnos. Todos deberíamos sentir aprecio por los demás. No solo respeto, esa palabra no parece ser suficiente. En Italia el aprecio está en un nivel superior al respeto, y eso es lo que todos deberíamos poner de manifiesto. Creo que los padres deben predicar con el ejemplo, porque así sus hijos los imitarán.»

Trabajar con jóvenes es increíblemente gratificante, pero siempre hay individuos o historias que definen los momentos más difíciles y te cambian como profesor. Armando está al final de su carrera y a punto de jubilarse, así que me interesa saber cuál es el mensaje que quiere compartir con el mundo.

«Seguid sorprendiéndoos. Vi esa chispa en los ojos de Roberto cuando se dio cuenta de que podía hacerlo. Y esta ha sido la parte más gratificante de lo que hago, ver a los estudiantes sorprenderse a sí mismos. Cuando somos pequeños tenemos esta capacidad, pero empezamos a perderla a medida que crecemos y, cuando nos convertimos en adultos, es casi imposible encontrarla. Todos deberíamos tener momentos de sorpresa.»

¡Qué actitud ante la vida tan maravillosa!

Mio Horio

37 años, prefectura de Shiga, Japón

«El conocimiento académico es importante, pero quiero que los estudiantes comprendan cómo ese conocimiento se relaciona con el mundo real. Entonces descubrirán el verdadero placer del aprendizaje.»

Mio nació y creció en una comunidad rural en la prefectura de Shiga, en Japón. Mientras estudiaba Filología Inglesa y Comunicación, visitó Sri Lanka, donde descubrió y comprendió las dificultades a las que se enfrentaba un país subdesarrollado y hasta qué punto la educación era clave para el progreso. También trabajó como voluntaria en un campamento internacional en Vietnam, dando clases de inglés a niños en un orfanato. Mio no pretendía convertirse en profesora, pero a partir de ese momento quedó claro cuál era su destino.

«Aunque los niños vietnamitas no tenían padres, vivían como una familia, y por eso eran felices. Sin embargo, yo sabía que la educación era muy importante para ellos y su única oportunidad real para forjarse una vida independiente y con un buen empleo y un buen salario. Fue entonces cuando descubrí lo que quería hacer.»

Hace trece años, Mio regresó a la prefectura de Shiga como profesora de inglés, una asignatura poco popular en aquel entonces.

«Estamos rodeados de montañas que, según se dice, son las tumbas de los gobernantes de tiempos antiguos. Enseñar inglés en una comunidad así puede ser duro. Cuando empecé, la mayoría de los estudiantes no estaban interesados en la lengua porque no contemplaban usarla. Tuve que esforzarme por dar clase a alumnos a los que no les gustaba el inglés o que lo estudiaban exclusivamente porque lo necesitaban para ingresar en la universidad. A pesar de todo, encontré a algunos alumnos interesados en las lenguas y las culturas extranjeras. Mi intención era incentivar su curiosidad.»

Hace nueve años, Nana, una estudiante de la clase de Mio, le dijo que quería participar en el Torneo Nacional de Debate en Inglés de las Prefecturas de Japón. A Nana le gustaba el inglés más que otras asignaturas, pero estaba muy lejos de tener el nivel necesario para participar en la competición. Mio le dijo que tendría que animar a más alumnos si quería participar, pero no esperaba que Nana se lo tomara en serio.

«Al día siguiente se presentó con otros tres estudiantes que querían participar en el equipo de debate. Por un momento me sentí confundida. Eran alumnos que solían incordiar a los profesores. Además de llegar tarde y saltarse clases, no seguían las reglas e ignoraban a sus maestros. Mis colegas y yo estábamos seguros de que aquellos chavales abandonarían el reto.»

A pesar de la intriga, Mio estaba dispuesta a ayudarlos siempre y cuando mostraran interés, por lo que invitó a otros dos alumnos para completar el grupo y obtuvo el apoyo de un colega que era experto en el debate en inglés. Como los profesores esperaban, los estudiantes se sintieron sobrepasados. No obstante, tenían una buena pronunciación del idioma —gracias a haber visto innumerables veces las películas de Harry Potter—, y Mio descubrió un atisbo de potencial. El tema del torneo era la política comercial de Japón, por lo que primero tenían que hacer una investigación en japonés. Esto resultó complicado para ellos, que no estaban acostumbrados al estudio académico ni a ahondar en temas de actualidad.

«Era difícil imaginarlos en este reto, y más aún debatiendo en inglés. Y, sin embargo, sorprendentemente, perseveraron. Cuando participaron en un enfrentamiento de prueba con otra escuela, fui consciente de su progreso. En el encuentro, nuestro equipo sufrió una rotunda derrota. Mis alumnos no pudieron responder a las preguntas del equipo contrario, no entendieron lo que decían sus oponentes y no fueron capaces de defender su postura.»

A lo largo de las rondas terminaron repitiendo las declaraciones y refutaciones que Mio y su colega habían preparado. En algunos momentos, Mio tuvo que intervenir, ya que algunas de las palabras les resultaban demasiado difíciles y tuvieron que repetir frases y oraciones después de ella. Esto no parece indicar un progreso.

«Esta experiencia los motivó mucho. El día después del debate era fin de semana, y me preguntaron si podían venir a la escuela para practicar. Pensé que se rendirían tras la derrota, pero demostraron verdadero valor y perseverancia. Les encantaba.»

Durante la semana se quedaban después de clase para continuar con su investigación y preparación. Cada fin de semana volvían a practicar sus destrezas orales y de escucha. Incluso cuando participaron en un viaje escolar no relacionado con esta cuestión, le hacían preguntas a Mio y se pasaban las noches practicando con ella. Mio estaba cansada, pero no quería decepcionarlos.

«No podíamos creer que los mismos estudiantes que se saltaban las clases se quedaran en la escuela los fines de semana. A medida que su esfuerzo daba sus frutos, su autoestima y su interés por el campo académico aumentaron. Cuando se celebró el torneo pudieron comprender lo que decían sus oponentes y refutarlos sin la ayuda de los profesores.»

En un torneo de diez equipos, que se celebró tres meses después de ese enfrentamiento de prueba, el equipo perdió dos debates, uno terminó en empate y, finalmente, ganaron uno. Aunque esto significó que el equipo no pudo clasificarse, uno de los estudiantes quedó segundo en el Premio al Mejor Orador.

«Todo el equipo lloró de alegría cuando su nombre fue anunciado, y mis ojos se llenaron de lágrimas. Lo que me hizo sentir más orgullosa fue cómo cambiaron de actitud gradualmente y demostraron perseverancia para alcanzar su propio objetivo. El tiempo que pasé con ellos constituye uno de los mejores recuerdos de mi carrera docente y me enseñó lo gratificante que es trabajar con los jóvenes.»

Mio cree que su papel era servir como puente entre los estudiantes y su meta. Lo consiguió mediante una comunicación más cercana, trabajando en materiales de preparación y gestionando cuidadosamente la ayuda que les ofrecía. Demasiada ayuda y los estudiantes no harían nada por sí mismos, pero la cantidad justa los empoderaría para alcanzar su meta. En última instancia, lo que obtuvieron fue algo más valioso que una puntuación en un examen; fue un crecimiento personal increíble.

«Y Nana me enseñó dos cosas. En primer lugar, que la curiosidad importa, y mucho. Odiaba estudiar, pero disfrutaba comunicándose, y su interés la impulsó a realizar un trabajo verdaderamente desafiante. Además, la pasión que mostraba me hizo creer en ella. Y esa fue la segunda lección, tener fe en el potencial de un estudiante para poder ayudarle a darse cuenta de él.»

Nana continuó estudiando inglés en una universidad de estudios extranjeros y ahora trabaja para una aerolínea internacional, viajando por todo el mundo.

Aunque Mio descubrió que los profesores pueden empoderar a los estudiantes permaneciendo junto a ellos, se tuvo que enfrentar a otro problema. Hace unos años volvió a su antigua escuela secundaria. En ella, los alumnos tenían un mayor grado de autonomía y un mayor dominio del inglés. Sin embargo, su principal motivación era sacar mejores notas, y fundamentalmente estudiaban para entrar en la universidad. Además, no confiaban en ellos mismos y dudaban en usar el inglés para comunicarse con personas de un entorno cultural diferente.

«Yo quería que practicaran inglés en un contexto más auténtico, pero teníamos muy pocas oportunidades. Por lo tanto, empecé a utilizar herramientas de conferencia en línea para conectar a los alumnos con otros estudiantes fuera de Japón. Esto produjo una serie de efectos secundarios, como la comprensión de la diversidad cultural, y descubrir el potencial del aprendizaje de otros idiomas.»

Hace unos años, una de sus alumnas, Erika, se preparaba para una presentación en inglés. El tema era la comunidad musulmana, una realidad con la que no había interactuado y de la que no tenía ninguna experiencia.

«Su presentación estaba llena de estereotipos y prejuicios. Había investigado en internet y no había cuestionado la información. Contacté con una amiga musulmana, Madiha, y le pregunté si mis alumnos podían hablar con ella. Erika y sus compañeros de clase la entrevistaron y escribieron un artículo que reflejaba el punto de vista de una mujer musulmana, algo que no siempre vemos en los medios de comunicación japoneses.»

Esto amplió los horizontes de Erika y cambió su postura original. Mio cree que una de las mayores lecciones que sus estudiantes han aprendido de la experiencia es la importancia de la comunicación global y la necesidad de encontrar un lenguaje compartido. A mí también me apasiona esto.

«Su lengua nativa era el japonés, la de Madiha es el urdu, pero se comunicaban a través del inglés. Sin esta capacidad, no habrían podido conectar con tanta facilidad. Evidentemente, pueden desarrollar sus destrezas lingüísticas gracias a actividades como los debates en inglés. Sin embargo, solo cuando la pongan en práctica advertirán de pleno el potencial del aprendizaje de lenguas. Como profesora de inglés, uno de mis mayores placeres es ver que mis estudiantes comprenden el potencial de usar una lengua para romper la barrera de los estereotipos.»

Ahora Erika estudia para ser profesora.

«Creo que la educación debería ser sostenible y que todos deberían tener el mismo acceso a ella. En la época en que daba clase a Nana y Erika a menudo me frustraba el abismo existente entre las escuelas. Aunque había algunos alumnos interesados en conocer otras culturas y estudiar lenguas extranjeras, no podíamos ofrecerles una experiencia auténtica debido a cuestiones como las limitaciones presupuestarias. Por otro lado, algunas escuelas selectas obtenían apoyo económico e implementaban programas con escuelas extranjeras. Es injusto.»

Mio cree que es importante estar estrechamente conectada con sus estudiantes para poder apoyarlos y ayudarlos cuando se plantean qué hacer con su futuro. Piensa que los profesores necesitan comprender mejor a sus estudiantes y que los padres deben conocer profundamente a sus hijos. Tiene alumnos con la determinación inquebrantable de tener éxito, que proviene de las expectativas y esperanzas de sus padres, así como de la propia motivación personal. Aunque este planteamiento tiene como resultado una tasa de acceso a la universidad del noventa por ciento, genera preocupación.

«Es habitual que los estudiantes terminen la escuela con nosotros a las seis de la tarde y luego asistan a clases particulares y continúen estudiando hasta las diez de la noche antes de regresar a casa. Nos preocupa mucho su salud porque no se acuestan hasta la medianoche, por lo que están muy cansados, a menudo sufren de dolores de cabeza y se quedan dormidos en clase durante el día. Prefiero ayudarlos a cultivar su curiosidad hacia sus intereses en lugar de fijarme en las calificaciones de los exámenes. El cambio de Nana me enseñó que el apoyo de los profesores puede ayudar a desarrollar su perseverancia y determinación. El conocimiento académico es importante, pero quiero que los estudiantes comprendan cómo ese conocimiento se relaciona con el mundo real. Entonces descubrirán el verdadero placer del aprendizaje.»

Mio quiere que los padres pongan su energía en conocer quiénes son sus hijos, en lugar de en qué deberían estar aprendiendo.

Akash Patel

31 años, Dallas, Estados Unidos

«Descubrí una brecha en la educación global en las zonas rurales de Oklahoma; podría haberla ignorado y haber dado por hecho que otros se encargarían de solucionarlo. Pero cuando ves una brecha en la vida, la llenas. Y no te quedas ahí, buscas la siguiente brecha y luego la siguiente. Colmas esas brechas.»

Akash Patel tiene la sonrisa más amplia, el corazón más grande y la elocuencia más desatada que nadie que haya conocido nunca. Fue finalista del Premio Global a la Enseñanza el año en que el galardón recayó sobre mí, y hemos sido grandes amigos desde entonces. Yo fui una de las evaluadoras de su solicitud para el Servicio de Ciudadanía e Inmigración de Estados Unidos, y me complació y me alivió saber que, tras once años de dedicación y compromiso con la educación en el país, al fin podría considerarlo su residencia permanente. No es una sorpresa que sea un ferviente defensor de la reforma de la inmigración y de la situación de los niños inmigrantes, como queda reflejado en su trabajo como presidente electo del Consejo Estadounidense para la Enseñanza de Lenguas Extranjeras.

«Soy el primer indoestadounidense en ser presidente electo, y el más joven. Hablo seis lenguas, por lo que me emociona ser la cara visible de un país al que le cuesta aceptar una sociedad bilingüe y multicultural. Como sabes, podemos coexistir felizmente. Es maravilloso que los niños estadounidenses sean los ciudadanos globales del futuro y adalides en la lucha contra la intolerancia y los prejuicios.»

Akash emigró desde la India hasta los Estados Unidos de

América en su adolescencia, con su hermano gemelo, Happy. Explica hasta qué punto está extendido el estereotipo de que los «indios de piel morena» son ingenieros, abogados, médicos o una desgracia para la familia. Él optó por la ingeniería nuclear y recibió una beca completa en la Universidad Estatal de Iowa, pero al final de su primer semestre empezó a cuestionarse la idea de pasar treinta años de su vida entre reactores nucleares en lugar de entre personas.

Compró un vehículo deportivo de segunda mano con Happy y condujeron por carreteras invernales desde Iowa hasta el sur de Oklahoma, donde vivía su tío. Akash trabajaba a tiempo parcial para costearse sus estudios de formación como profesor. Fue el único «hombre de piel morena» en graduarse, junto con estudiantes que eran agricultores, ganaderos o miembros de la comunidad.

«Me invitaban a rodeos, llevaba mi sombrero de cowboy y todos daban por hecho que era un vaquero mexicano, ya que hablaba español. Cuando les decía que era de la India, respondían: "Seguro que allí veis elefantes por la calle". Y yo bromeaba con ellos y les decía: "Sí, claro. Depende de cuánto hayas bebido".»

Akash cree que todos tenemos estereotipos. Cuando viajó a Oklahoma esperaba ver cowboys y tipis.

«Aunque tengamos un aspecto distinto, aunque no compartamos el mismo destino, tú y yo, Andria, podemos hablar y entender que los dos somos humanos y que compartimos pasiones, ocupaciones y sueños para nuestra familia, nuestros alumnos y nuestras comunidades. Tal vez no compartamos una lengua común, pero estamos conectados a través de una humanidad común, y eso lo descubrí en Oklahoma.»

Cuando Akash empezó a dar clase en pequeñas comunidades rurales, la gente le miraba por la calle, pero a los niños les inspiraban sus relatos como viajero, como cuando trabajaba con elefantes en la India y con tortugas de mar en Costa Rica y Sri Lanka.

Querían escuchar más y él entendió que, aunque una persona solo puede estar físicamente en un lugar a la vez, tenía muchos amigos en todo el mundo y que, si era capaz de presentarlos a sus alumnos, las historias que podrían compartir serían infinitas. Como muchos niños no tienen el privilegio ni los recursos para viajar, Akash decidió tender puentes.

En 2014 inició una serie de videollamadas en Facebook para que sus alumnos conocieran a sus amigos. Lo convirtió en un juego: el niño tenía que plantear preguntas para descubrir de dónde era la persona en cuestión. Para 2021 ya disponía de 1.200 voluntarios procedentes de 150 países que llamaban a aulas de los cincuenta estados de Estados Unidos, por lo que los niños de zonas rurales de Alaska o de San Juan, Puerto Rico, por ejemplo, pueden tener acceso a alguien que vive en cualquier lugar del mundo, desde el Reino Unido y Alemania hasta la India o Australia.

«La idea era sencilla. Consistía en promover la ciudadanía global. Mi pasión es inspirar un sentido de ciudadanía global en los jóvenes.»

En la actualidad, la organización sin ánimo de lucro que dirige conecta a más de mil aulas de lengua al mes, y abarca a estudiantes que aprenden chino, japonés, alemán, francés, hindi o swahili, por nombrar solo unos pocos.

Akash solo ha estado seis años dando clase. Empezó su carrera en la enseñanza como profesor en prácticas en pequeñas comunidades rurales en Oklahoma antes de sacarse el título, y ha continuado enseñando en escuelas de bajos recursos económicos. Actualmente da clase en una escuela del centro de Texas donde todos los estudiantes reciben el cien por cien de los almuerzos gratuitamente o a tarifa reducida, lo cual brinda una idea de la demografía. Como profesor de español, Akash conecta a su clase con personas de cada uno de los veintiún países de habla hispana, incluyendo el pequeño país de Guinea Ecuatorial, una antigua colonia española en África.

«Mis estudiantes son increíbles. Me inspiran cada día.»

Como su estudiante de octavo grado, González. Fue un estudiante difícil de tratar y extremadamente travieso, por lo que era imposible hacerle entender la importancia de su aprendizaje. Akash decidió hacer una videollamada con algunos estudiantes en Cuba.

«Y solo podían usar internet durante una hora con su tarjeta de internet, que costaba un dólar, lo que equivale al cinco por ciento de los 20 dólares que ganan al mes. Cuando González se enteró de esto, preguntó de inmediato por qué no tenían wifi o internet. Y cómo es que solo ganaban 20 dólares al mes.»

González empezó a investigar más sobre Cuba y luego sobre Venezuela. Encontró una noticia en CNN sobre personas tan desesperadas por la falta de alimentos debido a la crisis económica que mataban perros en la calle y se los comían para evitar morir de hambre. Esto ejerció un efecto transformador en González. Le dijo a Akash que quería ser abogado de derechos humanos.

«Esa es su ambición ahora. Dice: "Señor Patel, quiero usar mi privilegio en Estados Unidos para mejorar las vidas y alzar las voces de las personas en comunidades empobrecidas de todo el mundo". Y también fue transformador para mí porque me había costado lidiar con este joven durante todo el año y, de repente, él manifestaba esta increíble empatía por las personas sin hogar.»

Hay muchas historias que Akash y yo podemos compartir sobre estudiantes que nos han impactado tanto como nosotros a ellos. Akash recuerda haber conectado a un grupo de alumnos con niños de una pequeña isla en el océano Pacífico que les contaron cómo sus hogares estaban siendo inundados debido al cambio climático. Hablaron de tener que marcharse, y una de sus estudiantes, Alexa, preguntó qué era un refugiado.

«Es una joven nacida y criada en Texas, y no tenía ni idea de lo que significaba ser un refugiado climático. A la mañana siguiente llegó a la escuela con una imagen que había dibujado de su cama.

Vive en un pequeño apartamento de una habitación en el centro de la ciudad de Dallas. Y dijo: "Señor Patel, no tengo dinero, pero creo que podría compartir mi cama con una de las estudiantes de las islas Kiribati que conocimos ayer, porque muy pronto su escuela estará bajo el agua, y necesitarán un lugar para vivir".»

Akash también tiene otra motivación. Hace varios años, en medio de un examen con sus estudiantes, se presentó la policía. Su querido hermano gemelo, Happy, había fallecido en un trágico accidente. Akash estuvo ausente durante tres semanas y en ese tiempo sus estudiantes, muchos de ellos de entornos desfavorecidos, recaudaron 3.000 dólares para donárselos a su familia para el funeral. Akash intentó devolver el dinero, pero los estudiantes se negaron a aceptarlo, así que a cambio lo convirtieron en el programa «Happy Meals» para personas sin hogar. Desde 2018 han donado más de 20.000 lotes de comida a través de una fundación que Akash creó en memoria de su hermano, la Happy World Foundation.

«Porque todos merecemos experiencias globales y porque a través de estas experiencias globales se llega a un "planeta feliz" libre de prejuicios y de fanatismo. Esa es mi visión. Esa es mi vocación. La verdadera fuente de inspiración de todo esto surgió a través de mi enseñanza en el aula y del compromiso de los estudiantes con la causa.»

A pesar de los momentos maravillosos, hay otros verdaderamente angustiantes y en los que aflora la vulnerabilidad. Como la vez que acusaron a Akash de fomentar el terrorismo, por parte de un padre que no estaba contento con que compartiera una historia sobre la activista pakistaní Malala Yousafzai. Pensaron que estaba haciendo apología del islam. Hasta el día de hoy, Akash no está seguro de cómo se produjo esa confusión. Sin embargo, habló con el padre y terminó teniendo una de las mejores relaciones que haya tenido con un padre o madre.

«Me hizo darme cuenta del tipo de lugar en el que estaba enseñando. Que era tan pequeño que cualquier cosa diferente a su cultura podría levantar sospechas.»

Tenemos que abordar temas difíciles y responder preguntas en el aula de manera neutral, pero no estamos presentes cuando los estudiantes cuentan esas historias en casa. Afortunadamente, el director de la escuela conocía a Akash y confiaba en él.

«Dije: "Aquí está la lección. Aquí está el artículo de noticias que leímos sobre cómo estas jóvenes eran tan valientes que, a pesar de todo aquello a lo que se tenían que enfrentar en esa comunidad, tenían el valor suficiente para ir a la escuela todos los días, y eso que los terroristas las perseguían. Y por eso les dispararon, porque no querían que ninguna mujer fuera a la escuela". Fue una conversación difícil. La única razón por la que se mencionó la fe fue porque los niños me preguntaron por qué llevaba la cabeza cubierta. Y es entonces cuando debes abordar estas cuestiones. Me di cuenta de que era una oportunidad de oro para enseñar la comprensión intercultural.»

Cuando le pregunto a Akash qué hace a un gran maestro, dice que todo empieza con los nombres. Este año tiene a doscientos estudiantes aprendiendo español y se sabe el nombre de todos. Significa mucho para ellos que él sepa que existen y recuerde cosas, como una habilidad que tengan o una situación en la que se hayan visto involucrados. También se relaciona con los padres.

«Creo que los padres están cambiando ese planteamiento en muchas de nuestras comunidades, donde se solía pensar: "Eh, eso es trabajo del profesor, el profesor es responsable de mi hijo". Pero es aún más impactante cuando el padre está directamente implicado. No culpo a los padres, están trabajando, hay familias monoparentales, algunos niños tienen padres que están encarcelados. Los niños viven con sus abuelos o en hogares de acogida. Pero si tan solo les leen a sus hijos durante diez minutos antes de dormir...»

Akash tiene una estudiante cuyo padre fue lamentablemente

deportado a Aguascalientes en México, así que hacen videollamadas y él se une a la clase y les habla de su lugar de origen. Lo integra en el día escolar de su hija y hace que sienta que él forma parte de ello.

«Si podemos involucrar a las familias, podemos mostrarles a los niños que nos importan sus orígenes, cuánto los valoramos como seres humanos. Conocemos lo que les gusta y lo que no. Sabemos qué los hace felices. Sabemos qué les apasiona. Ayudamos a activar sus superpoderes en nuestras aulas. Y si podemos involucrar a los padres, buf, somos capaces de hacer magia.»

He conocido a muchos grandes profesores que aún no tienen lo que Akash posee. Es el factor X, la cualidad especial que hace que pase de ser bueno a ser magnífico. Él menciona a su profesora en los estudios para ser profesor, la doctora Jeanne Ramírez Mather, como una de sus mayores influencias; afirma que iba a sus clases porque siempre trataba temas multiculturales. Hace más de veinticinco años creó un programa para donar libros a niños extremadamente pobres en ciudades y comunidades rurales de Oklahoma, y hasta la fecha ha donado más de 250.000 libros nuevos.

«Era muy ingeniosa, y creo que infundió el espíritu emprendedor en mí, que me alentó a ser el emprendedor social que soy hoy a través de la organización sin ánimo de lucro que fundé y que dirijo en memoria de mi hermano y de la organización sin ánimo de lucro que ahora dirigiré a nivel nacional.»

La doctora Ramírez también montó un evento para recolectar juguetes, una recaudación de fondos benéfica en ayuda de los niños refugiados sirios. Para su sorpresa, la comunidad predominantemente agrícola y ganadera, junto con los profesores en prácticas, reunió 2.300 juguetes. Y dos de esos colegas agricultores viajaron desde Oklahoma hasta Washington D. C., hasta el Instituto de la Paz, para que se enviara esos juguetes a niños sirios refugiados en campamentos de todo el mundo.

Entonces le pregunto a Akash: «Si pudieras compartir un consejo, ¿cuál sería?».

«Ya sabes, para mí sería buscar las brechas en la vida. Descubrí una brecha en la educación global en las zonas rurales de Oklahoma; podría haberla ignorado y haber dado por hecho que otros se encargarían de solucionarlo. Pero cuando ves una brecha en la vida, la llenas. Y no te quedas ahí, buscas la siguiente brecha y luego la siguiente. Colmas esas brechas.»

Daisy Mertens

34 años, Venray, Países Bajos

«A veces el poder es no conocer las respuestas. Como profesora, hay momentos durante el día en los que no conoces la respuesta, pero lo importante es lo que haces con la pregunta. Habla con el niño, pregunta a un compañero, busca online, lee un libro.»

Desde pequeña, Daisy escapaba de las dificultades de su casa yendo a la escuela. Mientras iba en bicicleta cada mañana, sentía que su estado de ánimo cambiaba al saber que estaría en un entorno más seguro. Después de catorce años trabajando en educación, ahora entiende que esto fue el catalizador para convertirse en profesora.

«Para mí, la escuela estaba asociada con encontrar una libertad sin preocupaciones. Podía jugar, aprender y olvidarme de todas las situaciones desagradables en casa. Me permitió convertir mi pasado en algo hermoso y positivo. Fue una de mis lecciones de vida.»

En la facultad de formación para docentes, Daisy admite que estaba lejos de ser la alumna ideal y no se tomaba en serio los estudios. Después de su segundo año, estuvo a punto de abandonar cuando un profesor habló con ella y le preguntó cuáles eran sus valores más importantes en la enseñanza. Esta conversación fue un punto de inflexión para Daisy, ya que cambió su percepción de qué tipo de estudiante quería ser en la formación docente. A partir de ese momento se concentró en sus estudios y sintió una motivación intrínseca.

«En pocas horas, pude responder a la pregunta, y la respuesta es la misma hoy. Mis valores son reflexión, autonomía, autoconfianza, autoeficacia y, lo más importante, mi relación con mis alumnos.»

En su tercer año de formación, Daisy fue asignada a la escuela multicultural en su ciudad natal para su periodo de prácticas.

«Lloré en mi primer día porque me sentí abrumada, era muy diferente de la escuela a la que había asistido de pequeña. No estaba acostumbrada a la maravilla de un entorno multicultural y había un estigma en torno a este tipo de escuela. De niña asistí a una escuela predominantemente blanca y cristiana, aunque yo era muy diferente de mis amigos porque mi madre es medio indonesia y trabaja como limpiadora. Entonces, de pequeña, yo era la rara.»

Después de su primer día en la escuela, Daisy se emocionó porque sabía que era donde debía estar.

«Sentí que podía aportar algo a la vida de estos niños. Necesitaban conocimientos, pero también sentirse seguros y amados, y yo reconocí esa necesidad.»

Cuando Daisy se graduó, decidió no trabajar en su ciudad natal; en cambio, aceptó el desafío de una escuela primaria local en una zona desfavorecida. Todavía sigue allí: es una de los cuarenta y cinco miembros del personal que dan clase a 415 estudiantes de más de treinta nacionalidades. Daisy enseña a niños de diez a doce años con problemas con la lengua y las matemáticas. Dirige un método de aprendizaje basado en temas y centrado en el conocimiento, el idioma y la lectura, así como la coordinación de la calidad educativa en su escuela. En 2016 recibió el Premio Nacional al Profesor del Año en Educación Primaria.

«¿Quién habría pensado que una persona de un pequeño pueblo del sur de los Países Bajos, criada en una familia monoparental y en circunstancias difíciles, podría recibir tal reconocimiento?»

Ganar un prestigioso premio no es el logro más notable de Daisy. Para ella, los mayores logros provienen del proceso de enseñanza. Se trata de la experiencia en su conjunto. No se duerme en los laureles, sino que continúa creciendo, leyendo e investigando para mejorar y para tener un impacto más significativo en su profesión.

«Quiero seguir formándome. Es una historia interminable.»

Daisy tiene muchas historias de estudiantes increíbles, pero nunca olvidará a una niña y la clase de la que formaba parte. Lila tenía siete años y le habían diagnosticado un tumor cerebral. Estuvo en la clase de Daisy hasta que estuvo demasiado enferma para regresar a la escuela después de las vacaciones de verano. Los padres de Lila invitaron a Daisy a visitarlos durante el fin de semana, y Daisy le leyó *La Cenicienta*. Daisy supo que Lila se acercaba al final de su vida. Concluida la lectura, la profesora se unió a los padres de la niña enferma en el jardín para mantener una conversación.

«Su madre fue a echar un vistazo a su hija y volvió corriendo, pidiendo ayuda. A Lila le costaba respirar. Su madre y yo intentamos reanimarla, pero yo sabía que no podíamos hacer nada. Fue muy difícil, pero tuve que decirle a la madre que debíamos parar. En ese momento asumí el control porque, aunque los padres y la abuela de Lila estaban allí, era un caos absoluto. Fue horrible para todos.»

Llamaron al médico, aunque ya era demasiado tarde, y Daisy esperó con ellos. Cuando se fue, se puso en contacto con el personal docente y se reunieron para discutir cómo darles la noticia a los compañeros de clase de Lila el lunes. Tuvieron orientación y asesoramiento de un grupo de apoyo para el duelo, y Daisy se preparó para contárselo a los niños. Varios estudiantes habían ido a la casa de Lila para hacerle compañía, así que Daisy sabía cuánto les afectaría.

«Pasé el fin de semana pensando cómo les diría a los niños que Lila había fallecido, y el lunes por la mañana fui al aula con algunos de mis compañeros. Decidí simplemente seguir mi intuición y no darle más vueltas. Fue la conversación más hermosa que he tenido con niños pequeños. Por supuesto, fue un momento de mucha tristeza, pero también de cierta aceptación al saber que Lila ya no estaba enferma y que estaba yendo al cielo. Un niño dijo que su pez dorado había muerto hacía poco y que esperaba que Lila y el pez estuvieran juntos.»

En aquel momento Daisy descubrió lo puros y sencillos que son los niños y su forma de ver las cosas. Siempre buscan el lado positivo de una situación y encuentran esperanza. Ella había abordado el problema desde la racionalidad adulta en lugar de a través de la perspectiva de un niño.

«Como adultos, a veces deberíamos tratar de ver las cosas a través de los ojos de un niño. Eso me ayuda a relacionarme con la realidad, no solo en mi trabajo como profesora, sino también en mi vida. Esta fue la lección que aprendí de Lila y de sus increíbles compañeros de clase.»

Antes de la pandemia, Daisy trabajaba con su alteza real la princesa Lorenza de los Países Bajos en un proyecto centrado en la participación infantil. En una de las sesiones la princesa entrevistó a unos niños sobre lo que pensaban que los maestros podrían hacer mejor y cómo calificaban el sistema educativo neerlandés. Los niños fueron muy sinceros.

«Lo aceptamos todo. Los adultos aceptan mejor las indicaciones y la crítica cuando provienen de los niños. Entre adultos hay prejuicios y concepciones erróneas, pero los niños simplemente dicen lo que piensan, y esto también nos permite ser más abiertos.»

Daisy siempre pide *feedback* a sus estudiantes y lo utiliza para mejorar sus clases. Aunque puede ser difícil para los adultos recibir *feedback* de un colega, muchos lo aceptan mejor cuando proviene de un niño, y se las arreglan para actuar al respecto. Daisy es una firme defensora de la importancia de incluir la voz de los estudiantes y sus aportaciones en el desarrollo escolar en todo el sistema educativo.

Aunque ha afrontado innumerables desafíos en su carrera, Daisy los abraza con la energía y el compromiso que esperarías de alguien que no es ajeno a ellos. Su lema es que cada niño tiene una nueva oportunidad después de cada descanso. Todo se reinicia y empieza de nuevo. Uno de los últimos estudiantes de Daisy desafiaba constantemente los límites del comportamiento.

«Arnando tenía una dislexia severa y una situación familiar difícil donde ninguno de sus padres tenía educación, así que carecía de estímulos. Tuve que encontrar formas de establecer una buena relación con él y motivarlo, porque no leía ni escribía. Regularmente le imponía nuevos objetivos que él debía alcanzar cada día, como establecer contacto visual, leer algunas páginas de su libro y escribir algunos apuntes. Fue un progreso lento, pero funcionó.»

Daisy cree que es dueña de su proceso de aprendizaje, pero que el proceso de aprendizaje de los niños depende tanto de ella como de ellos. Es la líder en el aula y hace preguntas a los niños, pero también quiere dar a sus estudiantes la posibilidad de hacerle preguntas a ella.

«A veces el poder es no conocer las respuestas. Como profesor hay momentos durante el día en los que no conoces la respuesta, pero lo importante es lo que haces con la pregunta. Habla con el niño, pregunta a un compañero, busca online, lee un libro.»

Los padres desempeñan un papel importante en el ecosistema educativo. La escuela no es el único lugar donde ocurre el aprendizaje, pero Daisy se preocupa por aquellos padres que tienen tan poca esperanza en ellos mismos que no pueden transmitírsela a sus hijos. ¿Cómo puedes reflejarla si no la sientes tú mismo? ¿Y cómo afectan tus propios sentimientos a tu hijo?

«Había un padre que estaba furioso porque su hija sacaba malas notas. No podía entender por qué no lo había hecho mejor. Le dije que su hija era un modelo a seguir para el resto de los alumnos de la clase, que trabajaba duro y que esta era su fortaleza. No era un problema de motivación, y él tenía que cambiar su respuesta para reconocer lo positivo y no aplastarla con su decepción. Los padres deben pensar en lo que van a aprender sus hijos de sus reacciones.»

Se trata de las expectativas —tanto si son altas como si son poco realistas o inexistentes— y de cómo un padre se las comunica a su hijo. A menudo los padres oscilan entre los elogios y la presión para lograr mejores resultados. Caminan por una fina línea. Daisy piensa que los padres no deberían compartir decepciones abrumadoras y que deberían confiar en la escuela para que esta les comunique de qué es capaz su hijo.

Recientemente Daisy ha sido nombrada miembro del Consejo Nacional de Educación en los Países Bajos, la segunda maestra en el consejo en los últimos cien años. Es un gran honor, pero también una oportunidad para descubrir qué está haciendo el ministerio y cómo funcionan los consejos y organizaciones educativas. Además, debería haber un profesor en esta mesa.

«Estaba preocupada de que pudiera no estar lo suficientemente cualificada para el puesto, pero hago mía la confianza que quiero que mis estudiantes muestren y sigo adelante.»

Sumar su voz es fundamental, porque con frecuencia las personas que toman decisiones sobre la educación no están trabajando en ella. Debería haber una «Daisy» liderando el sistema educativo en cada país.

Manuel Calcagni

35 años, Santiago, Chile

«Podemos hablar de una buena película durante horas y escucho diferentes opiniones y visiones del mundo. Aprendo mucho de mis estudiantes gracias a estas conversaciones y a través de los cortometrajes que realizan. Me han ayudado a comprender mejor el mundo. Siempre aprendo de las diferencias.»

Manuel se ha pasado los últimos nueve años dando clase en la escuela secundaria más antigua de Chile. Ubicada en la capital, Santiago, y de carácter público, la escuela secundaria para chicos da la bienvenida a estudiantes de todos los rincones de la ciudad, lo que crea una mezcla diversa de culturas y ambientes. Hay alrededor de 4.400 estudiantes en la escuela, unos cuarenta y cinco en cada clase, lo que supera la capacidad de las aulas. Aunque la escuela tiene una larga tradición de excelencia, ha sido más complicado mantenerla en los últimos años, en parte debido a la falta de recursos. Manuel ha sido testigo de estos tiempos difíciles para la educación en Chile.

«Los estudiantes y los profesores han estado haciendo campaña para mejorar las condiciones escolares y para que se invierta más dinero en su educación. Ha habido muchas protestas en escuelas de toda la ciudad que han acabado poniéndose bastante feas.»

La violencia ha sido impactante. La policía ha utilizado gases lacrimógenos y cañones de agua para dispersar las protestas y muchas personas han sido arrestadas. Se tilda a los estudiantes de «terroristas» y «delincuentes» por su comportamiento al plantear estos problemas, pero es que sienten que no tienen otra opción.

«Entiendo lo difícil que es para ellos y lo importante que resulta ser escuchados, pero arman mucho jaleo. Esta tampoco es la respuesta. Necesitamos encontrar formas diferentes de comunicarnos que no impliquen enfrentarse a la policía, porque es peligroso y destructivo. Todos estamos cansados, la escuela es vieja y esto desvía la atención del aula.»

Manuel proviene de un dilatado linaje de profesores, entre ellos sus abuelos y su madre, que lo inspiraron todos los días. Su madre siempre compartía ideas con él y él veía el impacto de su trabajo en sus estudiantes. Siguió los pasos de su abuelo y se convirtió en profesor de historia.

«También doy clase de cine y me centro en enseñar momentos clave de la historia a través de las películas. Vemos muchas películas diferentes de todo el mundo, y también rodamos las nuestras. Creé un club de cine después de clase para implicar a los estudiantes en todas las áreas del proceso cinematográfico, desde el guion, la filmación y la grabación hasta la edición y los festivales de cine. Enseñar de esta manera concede a los estudiantes espacio para expresarse. Son muy creativos.»

Entiendo lo poderoso que es el planteamiento de Manuel. Une a los estudiantes a través de un interés común.

«Podemos hablar de una buena película durante horas y escucho diferentes opiniones y visiones del mundo. Aprendo mucho de mis estudiantes gracias a estas conversaciones y a través de los cortometrajes que realizan. Me han ayudado a comprender mejor el mundo. Siempre aprendo de las diferencias.»

Para muchos, no solo ver y discutir películas, sino también crear las suyas propias es una forma más productiva de aprender que sentarse en un aula con un libro de texto. Es una oportunidad de oro para conectar e informar, porque a todos los niños les encanta ver películas y obtienen y comparten perspectivas muy variadas. Manuel no se refiere solo a películas modernas como las franquicias de superhéroes, aunque estas también tienen su lugar.

«Lleva cierto trabajo que los alumnos entiendan el contexto, pero cuando están listos siempre les pongo la misma película. Se trata de una película chilena clásica de 1969, *El Chacal de Nahueltoro*, basada en la historia real de un granjero que en su infancia sufrió abusos y se convierte en un alcohólico y un criminal. Ante la bondad que le demuestran una mujer y sus hijos, perpetra un acto abominable y los asesina mientras está borracho. Es una historia brutal, pero también una de las formas más profundas de comprender el crimen y cómo nos influyen la sociedad y nuestro pasado.»

Al analizar la película con sus estudiantes, Manuel obtiene sus perspectivas y reflexiones desde sus puntos de vista únicos. Esta historia no solo les enseña la historia de Chile, sino que también toca el tema muy humano de por qué las personas a veces actúan como lo hacen. Fomenta el pensamiento crítico de sus alumnos, como lo hizo en el caso de Dante, de dieciséis años, cuya respuesta a la película cambió su vida.

«Nunca olvidaré su reacción. No es una película o un tema fácil de entender, pero Dante situó esta antigua película en blanco y negro en el contexto del día de hoy y de sus propias experiencias. La entendió completamente. Algunos de sus amigos habían sido arrestados por la policía durante las protestas y esta película le hizo pensar en esos chicos, que eran tratados como criminales. Debatimos por qué estaban tan enfadados, qué los hizo actuar de esa manera y cómo respondió la autoridad.»

Fue un momento en el que Manuel se sintió muy orgulloso. Ahora Dante estudia Administración Pública en la universidad y han mantenido el contacto. Continúa viendo películas con un ojo analítico y todavía hablan sobre aquella película y comparten sus diálogos. Manuel espera que Dante encuentre formas positivas de canalizar su rebeldía.

«La situación en Chile está cambiando, pero está lejos de resolverse. En medio de un importante progreso político, aún hay protestas e intervención policial. Hablo de ello con mis estudiantes y las películas que creamos a veces funcionan para compartir opiniones si hay desacuerdo. Es una mejor manera de expresarse que con cócteles molotov.»

La creación de películas también se puede utilizar para contar historias mucho más personales. Manuel tuvo una estudiante transgénero, Domi, que lo estaba pasando mal porque la acosaban en la escuela, no solo los estudiantes, sino también algunos profesores. Se sucedían constantes comentarios crueles y notas anónimas, y no se le permitía usar vestidos. En casa, su madre se negaba a aceptar su decisión y seguía llamándola Pablo y usando pronombres masculinos. Daba por hecho que era algo que había hecho mal al criarla, incapaz de entender la decisión de su hija.

La escuela había sido exclusivamente para chicos durante más de doscientos años, pero hacía poco se había tomado la decisión de recibir también a chicas. Manuel y sus alumnos realizaron un cortometraje promocional alentando a las estudiantes a unirse a la escuela.

«Como parte de la película, entrevistamos y filmamos a Domi hablando de su experiencia. Fue honesta acerca de lo difícil que había sido, pero dijo que estaba orgullosa de ella misma porque sentía que había facilitado las cosas para otros estudiantes transgénero. Aprendí mucho de ella, al igual que sus compañeros de clase.»

La lección más grande que Manuel aprendió de Domi tuvo que ver con la valentía. La vio luchando todos los días, intentando una y otra vez vivir su vida de la manera que quería, poniéndose un vestido en lugar de pantalones, hablando con un compañero de clase sobre sus sentimientos o sobrellevando la consternación de su madre. A los dieciocho años, Domi empezó el tratamiento hormonal, y ahora estudia música.

«Sé lo devastada que estaba la madre de Domi al principio, pero no se trataba de su vida. Se trataba del futuro de su hija. Cada uno de mis estudiantes es un individuo, y a medida que desarrollan su conocimiento y sus habilidades pueden convertirse en personas que sus padres no esperaban. Mi trabajo consiste en crear aulas democráticas donde un estudiante pueda ser quien es, y luego los alumnos empiezan a enseñarnos a nosotros, tanto a los profesores como a los padres. Por lo tanto, debemos escucharlos.»

Domi fue increíblemente valiente, tanto en casa como en la escuela. No olvidemos que también había estado en una escuela para chicos.

«Tuvimos el apoyo de un psicólogo y yo hablaba de forma regular con sus compañeros de clase y con su madre. Animé a Domi a seguir hablando con ellos también. Fue una experiencia preciosa estar a su lado mientras afrontaba las complejidades de su experiencia. Como profesor, creo que es importante hacer que todos se sientan bien en el aula, y ese es el entorno que intento crear. Lidiamos con los problemas, sean del tipo que sean.»

Manuel cree que una de las mejores maneras para que los padres se relacionen con sus hijos es ver películas juntos y debatirlas después. Puede ser un punto de partida para hablar de cualquier cosa y ayuda a reducir la brecha generacional. Ha sido testigo de este poder una y otra vez.

«Compartir tu película favorita con tus hijos crea una conexión íntima y poderosa. Ahora tengo una hija y no puedo esperar a ver películas con ella. ¿Mi favorita? No sabría decirte. ¡Cambia constantemente!»

Yasodai Selvakumaran

34 años, Sídney, Australia

«Lo cierto es que no habría que subestimar a los adolescentes. Y esto sucede a menudo. Así que, cuando la gente me pregunta por qué he decidido trabajar con adolescentes, les respondo, con sinceridad, que eso es lo mejor de esta profesión. Esa energía, ese optimismo, esa sensación de que son capaces de todo y, aunque sea un momento realmente difícil para muchos estudiantes, esas ganas de descubrir quiénes son.»

La igualdad de oportunidades es un tema al que Yasodai vuelve una y otra vez cuando habla sobre la enseñanza. Como tamil nacida en Sri Lanka, Yasodai comprende la necesidad de hacerlo quizá más que otros muchos. Su familia se marchó de Sri Lanka durante los disturbios en el país y se estableció en la Australia rural, donde había una clara falta de diversidad. De adolescente, Yasodai odiaba ser diferente.

«Solo quería ser como todos los demás. Creo que esa es una respuesta típica de la adolescencia. Y siempre me sentía incómoda compartiendo mi propio entorno cultural. Pensaba en tamil, mi lengua materna, así que a veces eso creaba una sintaxis extraña cuando hablaba.»

Otras experiencias formativas alimentaron su creciente pasión por apoyar la diversidad cultural. Cuando estudiaba en la universidad en Sídney se ofreció como voluntaria en un programa aborigen, la Experiencia de Asesoría de los Indígenas Australianos, que le abrió los ojos a los problemas a los que se enfrentan los estudiantes y las comunidades aborígenes y de las islas del estrecho de Torres en el área metropolitana de Sídney. A partir de ahí se ofreció como voluntaria en una escuela en la ciudad de Sídney, lo que le mostró la realidad de la desigualdad de primera mano. También asumió un trabajo a tiempo parcial en la YWCA, una organización de mujeres que ayudaba a las estudiantes a descubrir su máximo potencial con un programa llamado Links to Learning («Vínculos para Aprender»).

«Trabajaba con nueve chicas, en tres escuelas de secundaria diferentes, cada una con riesgo de abandonar los estudios. Así pues, incluso antes de iniciar mi primera experiencia docente, era consciente de lo marginados que pueden sentirse los adolescentes y cómo eso puede influir en la educación de una persona.»

Ellas fueron decisivas a la hora de consolidar la elección profesional de Yasodai, pero también su filosofía de brindar a cada estudiante la oportunidad de tener éxito sin importar su procedencia.

Después de graduarse, Yasodai consiguió trabajo en una escuela en una zona depauperada en el oeste de Sídney. En cuanto cruzó por primera vez sus puertas como profesora en prácticas, sintió de inmediato que estaba en el lugar correcto: le encantó la atmósfera acogedora, los dibujos de los estudiantes en las paredes y el sólido apoyo de sus colegas. Es exactamente así como yo me siento en la escuela en la que imparto clase.

«Había una gran atención al aprendizaje profesional, un planteamiento de equipo en el que todos trabajábamos juntos para mejorar los resultados de nuestros estudiantes. Así que cuando surgió una oportunidad, pensé que aquí es donde quería estar, aunque mis compañeros de la universidad me sugirieron solicitar plaza en otros lugares. La gente creía que sería muy difícil porque era una escuela del centro de la ciudad con problemas de diversidad: había alrededor de cuarenta etnias diferentes.»

A pesar de su trabajo voluntario, no estaba preparada para afrontar las diferencias en la habilidad de los estudiantes, desde aquellos que arrastraban bajos niveles de alfabetización en inglés como segundo idioma hasta los estudiantes dotados que superaban los exámenes sin el menor de los problemas. Había una amplia gama en cada aula y, como profesora de humanidades e inglés, Yasodai lo percibía profundamente. Este fue un planteamiento continuo de su propio aprendizaje profesional como parte de las prioridades de la escuela y del sistema en general. Más tarde, Yasodai se convirtió en mentora y trabajó como parte de un equipo que apoyaba a nuevos profesores en el diseño de unidades didácticas y del aprendizaje para abordar las áreas donde los estudiantes mostraban más carencias.

El bienestar de los estudiantes puede ser un tema complicado para un profesor. Un curso de primeros auxilios en salud mental resultó muy valioso para darle confianza a la hora de lidiar con situaciones difíciles, especialmente en relación con algunos de sus estudiantes más desfavorecidos y su difícil entorno.

«Tengo estudiantes que no viven con sus padres y siempre soy consciente de que su vida en casa no es igual a la de muchos de sus compañeros. Otro tanto ocurre con aquellos que están divididos entre dos padres o en una familia monoparental. Yo crecí en un hogar muy estable, por lo que las vidas de otras personas fueron una gran revelación para mí, el mero hecho de entender la situación vital de algunos de mis alumnos.»

Muchos de los estudiantes trabajan a tiempo parcial —algunos, treinta horas a la semana fuera de la escuela—, y equilibran el aprendizaje con responsabilidades de adulto.

«Es sorprendente lo que los jóvenes pueden asumir, e incluso demostrar excelencia en ello. Al ser testigo de cómo se enfrentaban a retos serios, también he visto a algunos probar su resiliencia, lo cual me ha inspirado en un sentido profundo.»

Paradójicamente, uno de los primeros desafíos docentes de Yasodai vino de una alumna, Eloise, que era muy estudiosa y talentosa. Yasodai enseñaba una lección de historia obligatoria sobre las Guerras Mundiales, y Eloise dijo que no quería hacerlo.

«Ella lo expresó así: "¿Por qué debería interesarme? Esta no es mi historia". Y recuerdo mirarla y pensar: "Entiendo perfectamente tu enfoque. Y lo que acabas de decir puede aplicarse a muchas personas en esta aula". Para mí, fue un punto de inflexión.»

Eloise cuestionó los cursos de historia obligatorios de una manera que Yasodai nunca había hecho, a pesar de que ella también provenía de un entorno diferente y no había tenido la oportunidad de explorar su propia herencia. La revelación cambió su forma de pensar. No solo había pendiente un debate fundamental sobre ignorar las historias de las personas, sino que también se dio cuenta de que, si no podía implicar a una buena estudiante que estaba a gusto en la escuela, ¿cómo iba a llamar la atención de aquellos que tenían dificultades? ¿Y cómo podría darles a los estudiantes la oportunidad de compartir sus propias historias, de aprender más sobre la historia de sus pueblos y de entender cómo encajaban en la Australia multicultural?

«Le di a Eloise la oportunidad de explicar cómo se sentía. Le dije que la entendía y le pregunté qué le gustaría aprender si pudiera elegir. Ella venía de un país en guerra, pero no sabía mucho sobre los entresijos y no aparecían en los libros de texto australianos. Le conté que mi familia también huyó de una guerra en Sri Lanka y esa era la historia de mi origen, que tampoco conocía mucho porque nunca me la enseñaron, ¡y soy profesora de historia! Creo que eso ayudó; hubo un momento de conexión entre nosotras en el que ella vio que yo la entendía.»

Yasodai empezó a buscar oportunidades para abordar el problema y dar a los alumnos la oportunidad de estudiar lo que era más relevante para ellos junto con el currículo estándar. Además, dio una asignatura optativa de historia, lo que le proporcionaba más libertad a la hora de tratar la materia, y Eloise no solo decidió inscribirse, sino que le encantó. Yasodai diseñó una tarea de evaluación y pidió a los estudiantes que crearan una exposición para un examen público de historia para explicar por qué el tema que habían elegido era importante y cómo lo representarían.

«Quería mostrarles a los alumnos que la historia —su historia— es algo real y vivo. Es fundamental. Mira lo que estamos viviendo ahora con la COVID y cómo será recordado en el futuro a nivel mundial.»

Yasodai también diseñó una evaluación en la que se exploraron el terrorismo y la política exterior y tuvieron que escribir una respuesta como si estuvieran asesorando al gobierno. Al hacerlo, fue necesario investigar los contextos históricos y cómo podrían dar forma a las respuestas futuras.

«Tuvimos estudiantes que realmente tenían problemas de escritura, pero al final del curso de dos años cada niño había escrito, reescrito y editado su trabajo con un nivel increíble. No porque nosotros, como profesores, se lo pidiéramos, sino porque se enorgullecían de lo que estudiaban y desarrollaron altas expectativas de sí mismos y de su profesionalidad.»

Admiro enormemente la forma en que Yasodai asumió el desafío y encontró una respuesta creativa, disciplinada y vital. Ella sabe que hay muchos padres cuya historia no está representada en el currículo de sus hijos, y está ansiosa por ofrecer consejos.

«Hay que animar a los estudiantes a descubrir casos prácticos transnacionales con la ayuda de sus profesores, que luego podrán explorar en proyectos más amplios. Y una manera brillante de dar vida a esta historia es que las escuelas se vinculen a eventos culturales y públicos en los que la familia participe, y compartir y celebrar esto dentro de la comunidad escolar.»

Yasodai habla de mantener un corazón y una mente abiertos cuando se trata de los adolescentes, y de dar la bienvenida al aprendizaje tanto de manera formal como informal. En el caso de Eloise, había que encontrar algo que la atrajera emocionalmente. Como era de esperar, Yasodai es muy querida por sus estudiantes. Cuando se tomó el permiso de maternidad, dijeron que una de las cosas que iban a extrañar de ella era su risa. También pusieron en valor que se tome tiempo para dejar que se expresen y que los anime a darle *feedback* sobre su forma de enseñar.

«Es importante rodearnos de personas que no solo compartan nuestros valores, sino que también nos cuestionen. Sobre todo, me gusta enseñar a mis estudiantes a tener debates respetuosos y a cultivar la compasión.»

Yasodai es una de las profesoras más jóvenes a las que estoy entrevistando para este libro y, sin embargo, su sabiduría y experiencia brillan mucho más allá de su edad.

«Lo cierto es que no habría que subestimar a los adolescentes. Y esto sucede a menudo. Así que, cuando la gente me pregunta por qué he decidido trabajar con adolescentes, les respondo, con sinceridad, que eso es lo mejor de esta profesión. Esa energía, ese optimismo, esa sensación de que son capaces de todo y, aunque sea un momento realmente difícil para muchos estudiantes, esas ganas de descubrir quiénes son. Y yo tengo que formar parte de eso. Así que, escuelas, sociedad y padres: ¡hemos de dar voz a los estudiantes!»

Yasodai dice que en Australia se ha producido un bienvenido cambio de enfoque, con un panel de estudiantes o presentaciones en muchas conferencias nacionales dedicadas a elaborar el currículo. Es importante ofrecer a nuestros jóvenes una plataforma para contar sus historias.

Su planteamiento siempre se ha centrado en la voz del estudiante y en asegurarse de que los problemas que ponen sobre la mesa sean valorados y abordados; esto es lo que la hace feliz.

«He tenido algunos problemas personales increíblemente difíciles. Pero siempre he querido ir al trabajo. Incluso cuando a veces no me siento bien, entro a la escuela y, mientras camino hacia el aula, todos dicen "Buenos días". Y en ese instante sé que quiero estar aquí, con independencia de las cosas difíciles que pueda estar afrontando en mi vida personal en ese momento.»

Esta es también mi experiencia en la enseñanza. A veces, una de las mejores cosas de estar en la escuela es que, durante el tiempo que estoy allí, el mundo exterior no existe. Todo gira en torno a mis estudiantes y al trabajo que puedo realizar.

Yasodai es una solucionadora de problemas, una comunicadora

y una oyente que valora el papel que desempeña en la vida de sus estudiantes.

«Ayudar a los alumnos a descubrir sus fortalezas es un esfuerzo compartido entre ellos, la escuela y sus familias. Uno de los elementos más gratificantes de ser profesora es el impacto que puedo tener en los padres y las conversaciones en las que participo. No se trata solo de qué es el éxito para el estudiante, sino, a menudo, de qué significado tiene para los padres, y cómo podemos armonizar ambas ideas si difieren. Debemos asegurarnos de que toda voz sea escuchada, sobre todo, la de los estudiantes.»

Jiang Xueqin

46 años, Pekín, China

«Eso es lo que hace posible la creatividad, que se unan personas diferentes con habilidades diversas. Obtenemos personas exitosas, creativas y emprendedoras, pero también seres humanos debidamente desarrollados.»

Jiang nació en China, y se trasladó a Canadá a los seis años. Como inmigrantes chinos de una pequeña población rural, Jiang y su familia experimentaron una barrera lingüística, dificultades económicas y problemas culturales al establecerse en la próspera metrópolis de Toronto. La escuela fue muy dura para Jiang, un alumno distraído y con dificultades académicas, hasta que conoció a una profesora que creyó en él. Ella le dio libros para leer. Le animó y despertó su interés intelectual. Él descubrió la biblioteca de la escuela y nunca la abandonó.

Gracias a esta perseverancia y trabajo duro, Jiang consiguió una beca completa para la Universidad de Yale, especializándose en literatura inglesa. Atribuye este logro a los profesores que vieron un potencial en él y lo apoyaron. Recibió un aliento similar por parte de sus profesores en Yale, pero la experiencia en la universidad fue traumática.

«Yo procedía de un ambiente completamente antagónico al de mis compañeros, que pertenecían a las clases privilegiadas. No tenía amigos porque nuestros intereses y valores eran distintos, y no sabía cómo comunicarme con ellos. Era la primera vez que estaba lejos de mi hogar, lo que también despertó un profundo anhelo de descubrir mis raíces.»

Al graduarse, Jiang quiso contribuir al desarrollo de la educación; sabía que, si se hacía de la manera correcta, la educación tenía el potencial de cambiar las vidas. Al mismo tiempo sentía curiosidad por China, por lo que decidió volver a su país natal y dar clase de inglés allí. Fue entonces cuando supo que la enseñanza era su destino.

«Creo que la enseñanza me resulta intelectualmente estimulante; la idea de transmitir de forma eficaz información para inspirar a los estudiantes y que esto los lleve a pensar con mayor profundidad sobre la vida. Mi abuelo y mi padre fueron maestros en China, y siempre he prestado atención a cómo mis profesores me han dado clase.»

Jiang vive en Pekín y ha dado clase en China durante veinticinco años. Además de ser director de un centro, se ha implicado a fondo en la investigación en educación, en la que puede aprovechar sus muchas y variadas experiencias. Jiang defiende que las personas se desarrollen por medio de la creación de una comunidad en la que todos puedan encontrar apoyo mutuo. Establece una comparación fascinante y revolucionaria.

«¿Sabes? Las escuelas no se han construido para la educación de los niños, sino para conveniencia de los padres. Quiero que las escuelas funcionen como hospitales, en los que recibes una atención y un *feedback* individualizados. Como los médicos con sus pacientes, los profesores necesitan ser conscientes de las necesidades emocionales y de la trayectoria de aprendizaje de cada alumno individual, a fin de diseñar estrategias personales.»

Me parece que Jiang es uno de los más brillantes inconformistas, capaz de equilibrar una visión refrescante con pensamientos y acciones realistas y ponderadas. Aunque cuestiona el currículo, entiende la necesidad de una estructura. Pero no quiere que esta limite la capacidad del profesor de pensar por sí mismo.

«Creo que deberíamos poder ejercitar nuestro propio juicio y criterio con nuestros estudiantes. Creo que los seres humanos somos capaces de eso porque todos estamos programados para ser profesores, ¿verdad? Para ser cuidadores de la generación más joven y empoderarlos para que tomen sus propias decisiones.»

La literatura es una de las grandes pasiones de Jiang, que, entre otras asignaturas, enseña el arte de la lectura. Es muy selectivo con los textos que escoge porque quiere que sean significativos para la clase. Con cada libro invita a sus estudiantes a entrar plenamente en ese mundo, y a explorar juntos el argumento, los personajes y los temas, adoptando un enfoque analítico que les permite ser más observadores, independientes y sensibles al mundo que los rodea.

«Mi mayor logro como profesor es conseguir que los niños quieran leer. Creo que esto es lo más importante que uno puede hacer. A menudo los niños chinos tienen una visión muy limitada de lo que significa aprender y se centran en la mejora de las calificaciones. Memorizan listas de palabras para demostrar que poseen un vocabulario avanzado, pero yo convenzo a mis alumnos para que lean libros. Solo entonces tendrán una verdadera comprensión de lo que las palabras significan. Y los libros actúan como portales para acceder a otras vidas y mundos.»

Jiang anima a todos a leer juntos en clase y los ayuda a afianzar un conjunto de destrezas que les permitirán ser lectores críticos. Compara su papel al de un andamio que está ahí para que los estudiantes desarrollen su competencia y ganen confianza. En cuanto comprenden que la lectura es una fuente de empoderamiento y liberación, él sabe que ha tenido éxito.

Cuando Jiang se convirtió en director de su escuela actual, le hablaron de Vincent, un «chico problemático» de catorce años. Vincent estaba desatendido en casa y en la escuela se mostraba retraído. Era un chico lleno de curiosidad, pero introspectivo, que se pasaba el recreo vagabundeando por el patio e identificando los distintos tipos de plantas.

«Su conocimiento sobre plantas y árboles era enciclopédico. En China, resulta extraño que un niño esté solo y a lo suyo. Los profesores y sus compañeros lo veían como a un bicho raro. Durante mucho tiempo no pudo encontrar su lugar en la escuela ni en casa, así que se refugiaba en la naturaleza.»

La principal preocupación era su insistencia en llevar cuchillos y bloques de madera a clase. Los profesores estaban perplejos y querían que Jiang se hiciera cargo de esta situación.

«Hablé con él. Le pregunté por qué llevaba madera y cuchillos al aula y me respondió que le gustaba la carpintería, que esto era lo que más le interesaba. Yo no sabía nada sobre este tema, así que le pedí que me hablara de su afición y me transmitió unos conocimientos fascinantes. Le sugerí que hiciera una presentación en clase, pero me dijo que era muy tímido.»

Jiang dio a Vincent la oportunidad de hablar de su pasión. Le explicó que la preocupación por sus cuchillos no se debía a una falta de confianza sino a que algún alumno podría hacerse daño. Al mostrar fe en Vincent, Jiang removió algo en su interior.

«Le pregunté si podría dirigir un club de carpintería después de clase, pero insistió en que era demasiado tímido. Sin embargo, en las siguientes semanas aprecié ciertos cambios en él. Se convirtió en un adolescente confiado y que progresivamente se abría a sus compañeros. Mantenía la cabeza alta y su postura corporal cambió.»

Una simple conversación marcó la diferencia en el caso de Vincent. Empezó a verse a sí mismo bajo una nueva luz, y esto le motivó a ser más abierto y participativo, y a confiar más en quienes le rodeaban. Jiang le comprendía. Este era el regalo más poderoso que podría haberle hecho a Vincent. Unas semanas más tarde volvieron a hablar de la idea de un club de carpintería, y Vincent dijo que se lo pensaría. Pero entonces llegó la pandemia.

«Como Vincent, cada niño ha nacido para ser él mismo, y esto es algo que tenemos que aceptar. Olvidamos que un niño es un ser humano, que merece respeto y confianza, y que debe poder ser capaz de descifrar el mundo a su manera. He visto a muchos padres infelices porque sus hijos se convertían en personas muy diferentes a las que ellos imaginaban. Pero, para empezar, el niño nunca fue esa persona. ¿Conoces la expresión que dice "Cada niño es una página en blanco"? Pues bien, eso no es cierto. Cada uno es un alma con una personalidad independiente.»

Creo que este es un mensaje poderoso para los padres, un mensaje en el que voy a seguir reflexionando.

Jiang no siempre había considerado la educación de esta manera. En una etapa temprana de su carrera dirigió un programa pedagógico elitista que reclutaba a estudiantes brillantes para una experiencia rigurosa y académicamente estimulante. Un año hubo problemas en la convocatoria y Jiang se encontró con un grupo de estudiantes con habilidades diversas. Los resultados le sorprendieron.

«Los estudiantes menos capaces superaron mis expectativas. De hecho, les fue bien en el programa porque este ofrecía una forma distinta de aprender y ellos respondieron bien a eso. A muchos chicos les cuesta abrirse paso en el rígido sistema escolar chino, pero en el entorno que he creado se sintieron transformados y me enseñaron a no discriminar en favor de los alumnos más brillantes. Los chicos a los que les cuesta estudiar suelen tener una mente más abierta, son más tolerantes y están dispuestos a reconocer sus propios errores. En la vida les puede ir mejor que a aquellos otros con un rendimiento académico excelente.»

Creo que se trata de una observación fascinante; es algo de lo que he sido testigo en mi propia carrera como profesora. En la vida docente de Jiang se han sucedido incontables ejemplos, pero hubo un chico al que recuerda especialmente. William era un adolescente bondadoso, pero un pésimo estudiante al que le fue muy mal en los exámenes para el bachillerato. Era el primero en levantar la mano para responder a una pregunta en clase, pero no siempre acertaba, lo que despertaba la burla de sus compañeros. A pesar de las díficultades y del acoso que sufrió, nunca se lo tomaba como algo personal y seguía manteniendo una actitud positiva.

«En el último año, los estudiantes tenían la oportunidad de solicitar el ingreso en una facultad de artes liberales en Estados Unidos. El proceso de selección implica una entrevista, más que un examen. Para mi sorpresa, William entró. Yo estaba preocupado porque sabía que no tenía la capacidad intelectual para afrontarlo, pero lo consiguió. ¡Y los profesores lo adoraban! Siempre estaba dispuesto a plantear preguntas, reconocer sus propios errores y trabajar duro.»

La facultad recomendó transferirlo a la Universidad de Columbia en su tercer año. Él echó la solicitud y fue aceptado. Tras graduarse se quedó en Nueva York y ahora es un exitoso ingeniero de software.

«Sigue en contacto conmigo. E igual de curioso ante la vida y lleno de gratitud por la educación que recibió. Es un gran ser humano. Y a veces las escuelas no se preocupan por los grandes seres humanos, tan solo por los grandes estudiantes. Son dos cosas distintas.»

Jiang señala el gran problema de los estudiantes chinos considerados genios y que se centran en un limitado conjunto de habilidades pero son incapaces de desenvolverse en el mundo real. Muchos van a las universidades más prestigiosas del mundo, como Oxford, Cambridge, Harvard y Yale, el *alma mater* de Jiang, pero una vez allí no pueden asumir los criterios de evaluación.

«El planteamiento es mucho más integral que aquel al que están acostumbrados. El nivel de debate es abierto y abstracto, y ellos están habituados a una respuesta correcta o incorrecta. Les han enseñado a realizar cálculos rápidos y a tener una buena memoria, pero no a sentir curiosidad. Por esa razón, a menudo se derrumban mentalmente, caen en la depresión y sienten celos de otros estudiantes.»

Un enfoque uniforme es un peligroso efecto secundario del sistema educativo y un problema a nivel mundial. Si a un estudiante le cuestan las matemáticas, la respuesta habitual es obligarlo a practicar más. Tiene que haber otra manera de resolverlo.

«Yo digo que es como si nos rompemos el pie: se debería hacer un diagnóstico exacto y encontrar la forma de curarlo, pero en lugar de eso nos dicen: "Corre más". Así es como se siente un alumno con dificultades académicas, le dan más deberes para compensar. Es un completo error.»

Lo que Jiang enseña va contra la corriente de la cultura y la sociedad chinas, y contra la obsesión por el dinero. Él anima a sus alumnos a ser ellos mismos, a permanecer intelectualmente activos, a ser menos materialistas y a interesarse en una vida en la que explorar diversas ideas. Al cabo de los meses, los integrantes de su clase cambian su perspectiva y empieza a aflorar su individualidad. Pero él no puede cambiar la cultura por sí solo.

«Se dejan seducir por mi forma de pensar. Pero luego cada niño entra a formar parte de la sociedad y la presión por ganar dinero y conformarse a la estrecha idea social del éxito empieza a tomar forma. Hacen lo que se les dice que hagan, y algunos acaban viviendo una vida miserable y confusa.»

Me gustaría saber qué haría Jiang si tuviera una varita mágica y pudiera cambiar el sistema educativo para beneficio de los niños.

«Me gustaría fomentar la colaboración. Demostrar que no solo importa la realización personal, sino también la capacidad para trabajar y conectar con los demás. Eso es lo que hace posible la creatividad, que se unan personas diferentes con habilidades diversas. Obtenemos personas exitosas, creativas y emprendedoras, pero también seres humanos debidamente desarrollados.»

La misión de Jiang consiste en imaginar cómo podría ser la educación y en crear un nuevo sistema escolar. Tengo mucha fe en él.

Candida Couto

55 años, Oporto, Portugal

«¿Sabes cuál es la única verdad que he descubierto sobre los niños? Que necesitan atención. Les digo a los padres que solo lleva cinco minutos: preguntad a los niños qué es lo que han hecho y escuchad la respuesta. Y mostradles afecto.»

En la primera clase que Candida impartió, utilizó un fragmento del poeta y profesor portugués Sebastião da Gama para presentarse a sus alumnos. La cita tenía que ver con la verdadera esencia de ser un buen profesor, que se centraba en el deseo de que los niños fueran felices. Ese día encontró su vocación como docente, una profesión que le sigue entusiasmando y que aún le inspira, treinta y seis años después. Lo más importante para Candida, tanto entonces como ahora, es que sus alumnos sean felices.

«Diría que soy muy afortunada, adoro mi trabajo y transmito constantemente este mensaje a mis estudiantes. Soy una profesora satisfecha y muy privilegiada por estar en esta posición.»

Para Candida, la felicidad profesional ha sido una dura conquista. Durante su matrimonio, su trabajo pasó a un segundo plano para permitir el desarrollo de la carrera de su marido, y se centró en criar a sus dos hijos. Después de un amargo divorcio hace unos años, Candida regresó a las aulas a tiempo completo. Estudió un máster, escribió libros sobre docencia y recursos académicos, se convirtió en investigadora de la célebre Universidad Nueva de Lisboa y se especializó en interculturalidad y en cómo esta puede mejorar las competencias lingüísticas de los alumnos. Ahora asume el triple rol de profesora, líder de proyectos y tutora, una conjunción a la altura de su energía y entusiasmo. Ella asegura no ser una profesora extraordinaria, pero me permito disentir.

La escuela secundaria en la que Candida enseña está en un área rural empobrecida en los suburbios de Oporto, con unos 1.200 estudiantes y 180 profesores y personal administrativo. Hay una enorme y vibrante población local de migrantes e inmigrantes de procedencias tan diversas como Ucrania, Brasil, Venezuela y la comunidad gitana, que crea un aula diversa y con necesidades mixtas. De media, solo el tres por ciento de los padres de los alumnos han ido a universidad, y el cinco por ciento de las madres. Candida da clase de séptimo (edad entre los once y doce años) a noveno curso (edad entre los catorce y quince) antes de que los estudiantes ingresen en la escuela secundaria. Sus clases de inglés son populares debido a su diferente método pedagógico.

«Estimulo a los estudiantes de mente abierta y fomento las opiniones fuertes. Empiezo cada clase con una actividad a la que doy el nombre de "Vamos a animarnos". Planteo un tema controvertido, normalmente de actualidad, y lo debaten entre ellos. Está concebido como un ejercicio de cinco minutos, y si se atascan les doy un amable empujón por medio de una cita o un punto de vista alternativo. Los ayuda con su conciencia crítica y les permite usar su propia voz. Pueden mantener encarnizadas disputas verbales, pero a la vez respetan completamente la opinión de los demás, y no dejan de sorprenderme en cada ocasión.»

Candida es consciente de la seguridad que adquieren sus alumnos, y está agradecida por la confianza y el apoyo de la escuela a sus métodos pedagógicos. Los beneficios son evidentes, en especial porque muchos de los niños proceden de entornos difíciles y tienen necesidades complejas, y algunos han sido alejados de sus familias y viven en hogares de acogida. Hay una chica que Candida nunca olvidará y que marcó su trayectoria como profesora.

«Anna fue mi alumna en octavo curso. Era una niña increíblemente tranquila y considerada, pero era fácil percibir que en su historia había algo más. Siempre llevaba los brazos cubiertos por mangas largas, pero una vez le vi la piel y descubrí que estaba cubierta de marcas; le pregunté qué había pasado y respondió que no quería hablar de ello.»

Al principio Candida pensó que podía tratarse de un caso de autolesión o que ocultaba las cicatrices de una enfermedad de la piel. Respetando su silencio, Candida se mostró más atenta y protectora con ella, y por último Anna se confió a su profesora.

«Me contó su vida y yo me sentí devastada. Cuando tenía cuatro años, su madre la sumergió en un baño de agua hirviendo, y su padrastro apagaba los cigarrillos en su piel. Recibía palizas de forma habitual. Había sobrevivido porque una maravillosa vecina se hizo cargo de ella cuando tenía seis años, y la había criado desde entonces. Cuando acabó, yo estaba llorando.»

A los once años, Anna afrontaba la escuela con una excepcional sabiduría y comprensión a pesar del trauma que había experimentado siendo muy pequeña. Mostraba una bondad innata y un deseo de cuidar a sus compañeros y de consolar a los que tenían problemas, además de reprender a los que se portaban mal. Era una gran influencia para todos los que la conocían.

«Uno de sus amigos, Pedro, era muy travieso. Hacía diabluras, ella lo acusaba de comportarse como un niño, y él le hacía caso.»

Anna reservaba toda su ira para una sola persona, su madre, a la que odiaba.

Como era de esperar, Anna tenía muchas dificultades de aprendizaje, y Candida la ayudó a progresar en un curso vocacional en la escuela secundaria, antes de continuar y obtener un título en un curso profesional.

«Era una chica muy valiente. No estoy segura de que siguiera viva de no haber sido rescatada. ¡Y tenía una *joie de vivre*! Me hizo darme cuenta de lo afortunada que era. Sin duda me habían pasado cosas terribles en la vida, pero, en realidad, ¿de qué tenía que quejarme? He aprendido mucho de ella, como profesora y como ser humano. Era una campeona.»

Candida y Anna perdieron el contacto hace muchos años, pero lo último que supo era que Anna se había marchado de Oporto y que estaba asentada y era feliz.

«Estoy segura de que se dedica a algo que le gusta. Y me dijo que quería tener hijos para ser la madre que ella no había tenido. Será una gran mamá.»

Esta historia es conmovedora y reconfortante a la vez, y entiendo cómo ha moldeado a la profesora en la que se ha convertido Candida. Ella cuenta cómo algunos de sus otros estudiantes la marcaron, y esto parece irreversible y poderoso. Como Daniel, a quien Candida conoció cuando tenía nueve años y participó en un proyecto de voluntariado que ella organizó en Navidad. Este proyecto implicaba que los estudiantes recopilaran donaciones de alimentos y regalos que luego se entregaban a hogares más necesitados en la comunidad local.

«Sabía que Daniel era diferente, era muy maduro para su edad. Era elocuente y trabajaba muy duro. Siempre preguntaba si necesitaba algo o si podía ayudar. Lamentablemente, también era un blanco fácil para los matones, pero, desde el momento en que conectamos, me convertí en un refugio seguro para él.»

Daniel buscaba a Candida en los recreos, cuando ella solía trabajar en su escritorio de la biblioteca escolar. Siempre se reían de él por su forma, tan madura, de vestir y de hablar —con un vocabulario rico y palabras poco comunes—, y compartía cómo se sentía con Candida.

«Le dije a Daniel que creyera en sí mismo porque, algún día, tendría la oportunidad de ser la persona que es. Le dije que no cambiara, que no fuera algo que no es solo para tener amigos. "Algún día te verán como la persona increíble que eres."»

En séptimo curso, Candida se convirtió en la maestra de Daniel y él sintió mucha emoción. Significaba que Candida podía dedicarle más tiempo y concentrarse en los problemas derivados de la cultura de acoso en la clase.

El punto de inflexión para Daniel llegó cuando la clase celebraba el día de Martin Luther King. Se invitó a los estudiantes a participar de la manera que quisieran, algunos hicieron presentaciones en PowerPoint y otros llevaron películas. Daniel llegó a la escuela vestido con un traje negro y preguntó si podía presentar su trabajo en primer lugar.

«Daniel se quedó de pie ante la clase y recitó de memoria el famoso discurso "Tengo un sueño" de Martin Luther King. Se lo había aprendido todo en inglés y lo compartió con pasión e intensidad dramática. Algunos de sus compañeros se rieron, así que simplemente les lancé una mirada de desaprobación y pararon, y poco a poco empezaron a conectar con Daniel. ¿Y qué pasó cuando acabó? Todos aplaudieron y gritaron: "¡Eres genial, tío!". Lo había hecho increíble.»

Por último, sus amigos entendieron quién era él y lo aceptaron. Ahora Daniel tiene diecisiete años y hace poco le envió a Candida un poema que había escrito en inglés, dándole las gracias por estar siempre ahí para él.

«Les digo a mis estudiantes que no soy su madre, soy su profesora, pero que siempre pueden confiar en mí. Y eso es lo que hizo Daniel.»

Todavía mantienen el contacto. Esperaba que Candida me dijera que Daniel estudia una carrera relacionada con el mundo del espectáculo después de su actuación estelar, pero quiere ser médico, y ella cree que alcanzará sus sueños.

«El año pasado no fue a la escuela durante un mes después de una cirugía de espalda, así que todos los profesores y sus amigos se unieron para compartir el trabajo con él de manera que pudiera ponerse al día en casa. Fui a visitarlo y estaba muy feliz. Con su persistencia y su ética de trabajo, podrá ser lo que él quiera ser.»

Es una gran responsabilidad para los maestros ser un modelo a seguir y una red de seguridad, pero Candida lo acepta, consciente de que ella es la única esperanza para algunos de sus alumnos. Para esos niños, ella es el único adulto en el que pueden confiar. Hace unos años se le encomendó la tarea adicional de gestionar los problemas de conducta y los procesos disciplinarios en la escuela.

«Aquellos días fueron dramáticos porque sabía que tenía que castigar a los estudiantes que se habían portado mal. Algunas transgresiones eran tan graves que el castigo era inevitable, pero yo lo odiaba, porque estos niños tenían vidas muy difíciles. Cada vez que un estudiante se porta mal, pienso: "¿Qué le ha pasado a este niño? Algo debe de haberle afectado para llegar a actuar así". Cada niño tiene una historia que contar, ya sea positiva o negativa, pero no son malvados de forma natural. En un caso, un estudiante reveló que el líder de los Scouts lo maltrataba, un problema que abordamos de inmediato.»

Candida habló con su director, Fernando, sobre lo dolorosas que le resultaban las reprimendas y le pidió renunciar a esta responsabilidad. Él entendió cuánto sufría por la historia de cada estudiante y valoró su compromiso a la hora de crear experiencias maravillosas para sus alumnos. Sé exactamente cómo se siente. Se necesita un tipo especial de personalidad para abordar problemas de orientación y seguridad, y a veces mis reacciones pueden ser también muy emocionales.

«¿Sabes cuál es la única verdad que he descubierto sobre los niños? Que necesitan atención. Les digo a los padres que solo lleva cinco minutos: preguntad a los niños qué es lo que han hecho y escuchad la respuesta. Y mostradles afecto. He visto a niños con todo lo que el dinero puede comprar —*smartphones*, ropa de moda, vacaciones—, pero tremendamente infelices porque sus padres los ignoraban.»

Una estudiante a la que Candida daba clase, Susannah, formaba parte de una familia numerosa y adinerada. Su madre era médica y estudiaba el doctorado en el extranjero, y su padre estaba metido en política. Nunca estaban en casa. A ella y a sus hermanos los crio el ama de llaves, que se convirtió en una madre para todos y que siempre corría de un lado a otro para llevar a uno al entrenamiento de fútbol y a otra a clases de natación.

«Susannah y sus hermanos lo tenían todo, excepto lo único que anhelaban: la atención de sus padres. Su comportamiento rebelde en clase lo reflejaba. Era grosera con todos los profesores y se quejaba todo el tiempo, pero lo que realmente estaba diciendo era: "Necesito que me tengas en cuenta". Un niño no está bien solo por provenir de un entorno acomodado; seguirá teniendo problemas. A Susannah le gustaba el inglés y, por lo tanto, yo le caía bien. Cuando se fue, me regaló un osito de peluche con un corazón en el que ponía: *"I love you"*. Fue tranquilizador que pudiera mostrar afecto, y espero que lo haya encontrado para ella misma también.»

Martín Salvetti

49 años, Buenos Aires, Argentina

«Lo que me hace feliz y me llena de esperanza es ver que mis alumnos muestran empatía y se preocupan unos de otros.»

Martín es el pilar de su comunidad. Maestro y tutor, también es funcionario público en el gobierno municipal. Nunca se había planteado una carrera docente, pero empezó a dar clases particulares en su escuela de la infancia en Buenos Aires para ganar dinero y poder sufragar la universidad y se dio cuenta entonces de que esta era su vocación. Apenas era un poco mayor que los estudiantes a los que daba clase, en algunos casos solo un año mayor. Veintiocho años después, todavía está allí.

«Es lo que sé hacer y disfruto haciéndolo. La enseñanza me permite ser parte del desarrollo intelectual y emocional de las personas, y eso es lo que me hace feliz.»

Temperley, la escuela técnica donde trabaja Martín, tiene estudiantes de diversos entornos desfavorecidos que aprenden habilidades vocacionales para combatir el alto nivel de desempleo juvenil en Argentina. De los 1.600 niños, solo 250 son chicas, una cifra más alta que en años anteriores, pero aún baja, lo que refleja la actitud hacia las niñas y la educación técnica.

Martín tiene un planteamiento único para captar la atención de sus estudiantes. Como joven profesor, los comprendió y buscó formas de conectar con ellos a través de la enseñanza. Fundó un club de fútbol escolar que unió al personal y a los estudiantes, fomentando una interacción mutuamente respetuosa y beneficiosa. Martín también descubrió el nivel de concentración de los estudiantes cuando estaban activos y formaban parte de una experiencia en equipo, y esto sembró la semilla del profesor que llegaría a ser.

A través del rol de Martín como profesor de Conocimiento de los Materiales, Dibujo Técnico y Motores de Combustión Interna, estableció una colaboración entre estudiantes de mecánica, metalurgia y electrónica para crear la iniciativa «Un Coche por un Caballo». El proyecto permite a los estudiantes reciclar motocicletas que han sido incautadas por la policía debido a problemas con la documentación, acoplándoles un carro. Luego se las entregan a personas necesitadas que aún utilizan un caballo y un carro para recoger basura reciclable en las calles. A su vez, esto también salva a los caballos de una vida cruel.

Martín siempre relaciona su enseñanza con problemas locales y globales, brindando a sus alumnos una experiencia mucho más amplia de la comunidad y del mundo que los rodea. Un ejemplo perfecto de esto fue cuando utilizó fondos de un programa de arte para fundar una emisora de radio escolar. Unos años después recibió varios premios al mejor proyecto educativo en Argentina. Martín usó el dinero del premio para invertir en equipo y obtener un permiso para ser la primera emisora de radio de una escuela pública en la ciudad. La primera transmisión fue en 2008 y ahora emite las veinticuatro horas del día, los siete días de la semana, y la dirigen en su totalidad los estudiantes.

«La emisora de radio no existe para convertirlos en periodistas. Es una herramienta educativa. También ofrece a los profesores la oportunidad de evaluar a sus alumnos de una manera diferente a la clase tradicional.»

Este planteamiento es muy valioso para muchos de los estudiantes, el noventa por ciento de los cuales necesitan de un aprendizaje asistido. También es importante el respeto que se han ganado, no solo de sus profesores, sino también de otras escuelas locales que visitan regularmente la emisora de radio para aprender de los estudiantes de Martín. El contenido de la transmisión incluye entretenimiento, como poemas y escritura creativa de los alumnos, así como la cobertura de temas importantes como el acoso, la educación sexual, la religión, los derechos de los niños y cuestiones medioambientales. También han entrevistado a la organización de derechos humanos Madres de Plaza de Mayo, que defiende a aquellos cuyos hijos fueron víctimas de desapariciones forzadas hace más de cuarenta años.

«Todo esto tiene como finalidad desarrollar el sentido de pertenencia y la vocación de los estudiantes. Quizá no sean los mejores en tecnología, pero son las mejores personas. Como Sebastián.»

Uno de los estudiantes, Sebastián, de catorce años, le pidió a Martín que le permitiera trabajar en la emisora de radio. Quería asumir un papel de presentador, pero no podía pronunciar la «s» y le costaba leer. No tenía dificultades de aprendizaje, pero provenía de un entorno donde no había recibido aliento ni apoyo. Nunca le habían dado un libro, así que Martín lo envió a la biblioteca y le dijo que eligiera algo para leer. No esperaba lo que sucedió después.

«¡Leyó *La metamorfosis* de Kafka en tres días! En dos meses había leído siete libros. Luego me preguntó si podía entrevistar a un periodista e historiador argentino, conocido por una entrevista que hizo en el pasado al Che Guevara. La entrevista fue increíble; hablaron sobre la revolución cubana.»

Sebastián había estado estudiando electromecánica, pero se pasó a historia. La emisora de radio le había dado la confianza y la habilidad para ser quien quería ser. Martín ha creado un lugar en el que todos los estudiantes tienen voz y pueden mostrar su potencial de una manera que no podrían en el aula. Empodera a los estudiantes mayores para que enseñen a los más jóvenes, lo que los ha ayudado a comprender el papel del educador y, gracias a ello, un alumno descubrió su vocación como profesor de necesidades especiales. Otras carreras han surgido gracias a la orientación de Martín; por ejemplo, un estudiante abrió un taller de reparación de motocicletas y otros han trabajado en las industrias teatral y musical.

«Lo que me hace feliz y me llena de esperanza es ver que mis alumnos muestran empatía y se preocupan unos de otros. Lo veo en aquellos que se han convertido en profesores y adoptan mis métodos y mi filosofía para captar la atención de su clase. Para mí se trata de enfocarse en el aprendizaje significativo y de adquirir habilidades que puedan aplicar en su futuro.»

Hay estudiantes a los que es difícil ayudar. Hace ocho y seis años, Andrés y Tomás tenían dificultades para dibujar y, sin importar el tiempo y el enfoque que Martín empleara para trabajar con ellos, simplemente eran incapaces de hacerlo. En ambos casos, todavía está en contacto con los chicos, y ahora todos bromean al respecto, pero sé que Martín siente que de alguna manera los ha defraudado. De todos los niños a los que Martín ha dado clase, centra su reflexión en estos dos. Como profesora de arte, sé cómo se siente. Hay muchos estudiantes que tienen miedo de dibujar y que lo pasan mal, por muchas razones, incluida la confianza para dar forma y estructura a una línea. A menudo, a los estudiantes les resulta difícil visualizar formas tridimensionales e imágenes superpuestas.

A Martín le interesa establecer relaciones con los padres, no solo con los alumnos.

«Les pido que confíen y valoren a los profesores y a la escuela, porque con esa confianza podemos hacer mejor nuestro trabajo. Y que se impliquen con sus hijos en lo que están haciendo en la escuela y vean cómo pueden apoyarlos en casa. Cada familia necesita formar parte de la comunidad educativa. Sé que puede ser difícil para ellos porque provienen de orígenes diversos, así que no podemos esperar lo mismo de cada progenitor.»

Martín está comprometido en la lucha por un futuro mejor para todos, como profesor y como funcionario público. No se da por vencido, aunque admite que su objetivo puede ser imposible.

«Tenemos que transformar el sistema educativo en Argentina. Y tenemos que guiar a nuestros estudiantes para que se conviertan en los adultos que estaban destinados a ser.»

Puede que Martín y yo no hablemos el mismo idioma, pero compartimos la misma perspectiva sobre la educación y nuestros estudiantes. Él me llama «faro», pero yo sé que, si alguien puede lograr que ocurran cambios, será Martín.

Marie Ghanbari

39 años, Münster, Alemania

«Salid al exterior con vuestros hijos y manteneos físicamente activos. Esa parte de mi infancia representó lo más intenso y lo mejor para mí: cuando corríamos, trepábamos a los árboles y aprendíamos a nadar con mi madre.»

Uno de los primeros recuerdos de Marie es su experiencia de sentirse juzgada. En la escuela primaria, una maestra la etiquetó de incompetente. Marie tenía problemas de ansiedad y baja autoestima en ese momento, ya que sus padres estaban divorciándose, y no logró entrar a la escuela secundaria que quería.

«La profesora tuvo un gran impacto negativo en mí. Fue una profecía autocumplida y me llevó mucho tiempo librarme de eso. Mis fortalezas fueron el apoyo de mi madre y la actividad física que hacíamos fuera de la escuela. Y luego conocí a una profesora maravillosa, Ingrid, en octavo curso, que se convirtió en una mentora para mí. No lo habría hecho tan bien sin ella.»

La confianza de Marie creció, al igual que su habilidad, y aprender empezó a resultarle divertido. Descubrió su propio potencial y esto la impulsó a superar las expectativas de su escuela. Marie obtuvo su diploma de secundaria, se tomó un año sabático y se fue a Nueva York para trabajar como *au pair*.

«Mientras estaba en Nueva York, me apunté a un curso universitario sobre derechos civiles, las víctimas y la ley. Cuando regresé a Alemania decidí que quería estudiar Derecho porque quería luchar por la justicia, no solo en mi país, sino en todo el mundo. Era muy optimista.»

En ese momento Marie tenía veinte años y toda la vida por delante, pero sentía que algo la frenaba. Sabía que sus experiencias de la infancia influían subconscientemente en sus reacciones y pensamientos en ciertas situaciones. En lugar de ignorar el problema, decidió hacer algo al respecto y comenzó a ir a terapia.

«El peso sobre mis hombros empezó a disminuir y me sentí cada vez más fuerte. Me di cuenta de que podía hacer cualquier cosa si creía en mí misma, y quería darle a cada niño la misma oportunidad. Abandoné mi curso de derecho porque sabía que, si quería ejercer un impacto positivo en la vida de los niños, necesitaba remontarme al inicio de la cadena causal. Me puse a estudiar ciencias del deporte, matemáticas y psicología intercultural en la Universidad de Münster, para ser profesora.»

Marie se emociona al hablar de este punto de inflexión en su vida. Entendía las posibilidades para los niños con fracaso escolar y sabía que podía marcar la diferencia. Después de licenciarse, recibió el premio al mejor trabajo de fin de máster y empezó su doctorado antes de convertirse en profesora. Ahora trabaja en una escuela integral —que no divide académicamente a los niños y acepta a estudiantes de todos los entornos— y también en una universidad local como conferenciante e investigadora. Se trata de una experiencia de aprendizaje progresiva centrada en la competencia emocional, social y empática.

«Nuestros estudiantes son considerados individuos, con lecciones autoorganizadas, clases socioemocionales y programas de actividad física. Hay diversión en su aprendizaje y, sin embargo, saben que, si tienen alguna dificultad, pueden hablar con sus profesores. Estamos ahí para ellos. La confianza brilla intensamente en sus ojos.»

Uno de los valores centrales que Marie y sus colegas enseñan es la importancia de la empatía. Esto le recuerda a Ava, una de sus alumnas hace más de cinco años. Ava venía de la escuela primaria con un informe negativo que destacaba sus malos resultados en los exámenes y sugería que tenía dificultades de aprendizaje. Esto le recordó a Marie sus propias experiencias.

«Ava era una niña increíblemente positiva, llena de empatía y motivada por la injusticia. Era muy inteligente. Solo pensé: "Guau, ¿cómo puede su maestra de primaria haberse equivocado tanto?". Ignoré el *feedback* de su escuela. Aquello no describía a la niña que yo tenía delante.»

Ava y Marie hablaron sobre su escuela anterior y sobre cómo se sentía en las clases.

«Ella dijo que se sentía terriblemente estresada en los exámenes y que se bloqueaba. La maestra lo consideró una señal de incompetencia y dio a sus padres un *feedback* negativo.»

En cierto momento, la escuela primaria incluso intentó obtener para Ava un estatus de necesidades especiales. Lo que no entendían era cómo la ansiedad de Ava frente al fracaso le afectaba negativamente. Marie lo comprendió de inmediato y, bajo su cuidado, Ava se relajó y mejoró. El momento decisivo para Ava llegó cuando hizo su primer examen.

«La tranquilicé y le dije que yo estaría allí. Abordamos las pruebas con transparencia, así que Ava estaba preparada, sabía lo que le esperaba y esto también sirvió de ayuda. Sabía que todos creíamos en ella y esto la empoderó para creer en sí misma.»

Siempre es un momento asombroso cuando eres testigo de cómo un estudiante escapa del círculo vicioso de creencias negativas y percibe que el éxito está al alcance de su mano. Es un cambio decisivo.

«Ava empezó a sentir que era una buena estudiante. Sus calificaciones mejoraron y descubrió la alegría de aprender. En la reunión con los padres, su madre y ella lloraron porque nunca habían tenido *feedback* positivo. Estaban muy felices. Ava entró en la escuela secundaria y planea estudiar Derecho o Psicología en la universidad.»

Veo cuánto le importa Ava a Marie, y no me sorprende este maravilloso resultado. Marie no solo ha trabajado con niños en su propio país, sino que ha formado parte de un proyecto educativo con una escuela nigeriana. Conoció a Chinwendu en 2009, cuando se embarcó en el programa piloto de lo que se convertiría en una iniciativa ininterrumpida; volvió en 2011, 2012 y 2013 y cada vez se quedó muchos meses.

«Chinwendu era una buena estudiante. Sin ser parte de un proyecto como el nuestro, no habría tenido el dinero ni el apoyo para ver todo su potencial. Fuimos el motor detrás de ella, la becamos y la guiamos, y finalmente obtuvo un máster. Ahora trabaja en marketing y comunicación.»

Hablaban mucho sobre Nigeria y la cultura igbo en la que Chinwendu había crecido. A Marie le dieron el nombre nigeriano de Ifeoma, que significa «cosa buena».

«Aprendí mucho de ella y de los valores igbo en torno a la comunidad, la familia y la hospitalidad. Chinwendu me visitó en Alemania cuando acababa de dar a luz a mi hija, que tenía cuatro meses. Chinwendu fue maravillosa con ella y mostró una gran sensibilidad. Como madre primeriza, yo estaba nerviosa e insegura, pero ella me tranquilizó. Siempre estaba sonriendo y veía el aspecto positivo de todo. Chinwendu me enseñó que está bien ser simplemente quienes somos.»

Marie sigue en contacto tanto con Ava como con Chinwendu. Asegura que ir a la universidad para aprender a ser profesora es solo el principio, la teoría de la profesión. La verdad es que, hasta que te enfrentas a una clase de treinta alumnos, no sabes qué tipo de profesora eres.

«Se trata de entender a cada niño, por qué se enfadan y qué nos dicen sus emociones. Cuando hablo con estudiantes universitarios acerca de la enseñanza, siempre hacen la misma pregunta: "¿Cómo vemos realmente a cada niño en la clase?". Les digo que lleva tiempo y que tienen que invertir en cada niño como persona, no solo como alumno. Necesitan saber que los comprendes.»

Además de dar las gracias a su profesora de secundaria por salvarla, Marie también habla de su madre, que era profesora de educación física y una «leona» para sus hijos. Animaba a Marie y a sus hermanos a estar al aire libre y participar en deportes tanto como fuera posible.

«Quiero pedir a todos los padres que hagan lo mismo. Salid al exterior con vuestros hijos y manteneos físicamente activos. Esa parte de mi infancia representó lo más intenso y lo mejor para mí: cuando corríamos, trepábamos a los árboles y aprendíamos a nadar con mi madre.»

En la actualidad, Marie dirige proyectos sociales deportivos para estudiantes refugiados socialmente desfavorecidos y niños con diferentes oportunidades de desarrollo. Ella es consciente de lo importantes que son estas actividades y cuántas familias no pueden pagar la actividad física o no saben fomentar el juego activo y libre de sus hijos.

«Algunos padres no han aprendido a ir en bicicleta o nadar, por lo que es menos probable que enseñen a sus hijos. Quizá no tengan el dinero para comprarles una bicicleta o apuntarlos a clases de natación. A través de mis proyectos, puedo crear estas posibilidades para los niños y mostrarles cómo el ejercicio contribuye a su bienestar físico y emocional. Y los deportes de equipo son fundamentales. No se trata de ganar o perder, tiene que ver con el ritmo y con el espíritu de equipo.»

Lo que me sorprende de Marie es su resiliencia a la hora de convertir su experiencia escolar negativa de la infancia en algo positivo, permitiéndole ser una mejor profesora y conectar con estudiantes que la necesitan. Es maravilloso presenciarlo.

David Mitchell

47 años, Argyll y Bute, Reino Unido

«En nuestra comunidad tenemos a los jóvenes más increíbles. Sí, hay retos, pero hemos de darles la oportunidad de mejorar y, como padres, tenemos que esforzarnos para que nuestros hijos encuentren su propio camino. Podemos estar en segundo plano, actuando como una estrella guía.»

David está de celebración. La escuela secundaria Dunoon en Argyll y Bute, donde ha sido director desde 2013, ha sido seleccionada para los prestigiosos «Premios a las Mejores Escuelas del Mundo». Es una de las cuatro escuelas del Reino Unido seleccionadas, y David está especialmente emocionado porque ha sido reconocida con el Premio a la Colaboración Comunitaria. La comunidad juega un papel importante en el desarrollo de la escuela y el apoyo a los estudiantes, y, a su vez, el centro educativo está activamente implicado en el ámbito local. David puede deleitarse en el éxito, no solo como director de la escuela, sino también como exalumno.

«Nací y crecí en Dunoon y fui a la escuela secundaria, donde fui nombrado delegado de clase. Mi padre era profesor de diseño técnico y tecnología allí. Era un hombre maravilloso, del que todos hablaban muy bien, así que eran los mejores pasos a seguir. Después de la universidad impartí la misma materia que mi padre en varias escuelas diferentes. Estaba tan feliz en el aula que nunca pensé que llegaría a ser director. Sin embargo, cuando surgió la oportunidad en mi antigua escuela, supe que era el trabajo de mis sueños y tuve la suerte de conseguirlo. No tengo intención de irme a corto plazo. Me encanta venir a trabajar todos los días.»

Dunoon era una próspera localidad peninsular y un destino turístico popular para excursionistas de un día. Cuando David era estudiante, también había una gran base militar estadounidense operando allí. Cuando la base cerró y los estadounidenses se fueron, la comunidad se enfrentó a la pobreza y a una pérdida de población. Sin embargo, en los últimos años el municipio ha experimentado un resurgimiento de residentes, impulsado en parte por los increíbles proyectos comunitarios establecidos en los últimos tiempos. David y la escuela están en el centro de estos proyectos.

«Estoy inmensamente orgulloso de la escuela y de todos los que forman parte de ella. Es un verdadero reflejo del poder de la comunidad y de la importancia de tratar a los jóvenes como individuos.»

Además de la estructura tradicional de la educación secundaria, hay un internado junto a la escuela para aquellos estudiantes que viven demasiado lejos para hacer el viaje a diario. Además se creó un centro de aprendizaje para jóvenes con necesidades especiales y complejas; unos treinta alumnos se benefician del aula al aire libre, el jardín y el invernadero.

«Uno de los momentos más destacados de mi trabajo se da cuando camino por el pasillo todos los días y veo a esos alumnos con discapacidades disfrutando en el espacio que les proporcionamos. Cuando sonríen, me arreglan el día.»

Al inicio de su puesto directivo había un pequeño grupo de chicos en la escuela que impresionó a David por su compromiso y actitud hacia el aprendizaje. Uno de ellos, Callum, destacaba en especial. Era increíblemente tímido, pero, a lo largo de los años, David construyó una relación cercana con él y lo animaba a hablar. Callum se convirtió en un joven seguro de sí mismo.

«Vi a Callum crecer ante mis ojos. Creímos en él, y así empezó a creer en sí mismo, y el chico reservado acabó siendo el líder de su grupo. Hizo mucho trabajo benéfico, incluyendo complejas recaudaciones de fondos y las actividades vinculadas a la escuela. Sus amigos y él compartieron esta maravillosa actitud, que marcó una gran diferencia, no solo para mí, sino para la escuela, porque crearon un ambiente alegre que todavía perdura a día de hoy.»

Callum fue a la universidad y, tras graduarse, regresó a su pueblo natal para trabajar en una empresa de tecnología de la información porque quería contribuir a la comunidad en la que había crecido.

David señala que, pese a todas estas historias de éxito, ha habido otros estudiantes que lo han pasado mal. Como John, a quien no le interesaba la escuela. Su comportamiento era desafiante; se paseaba por los pasillos durante la clase, era grosero con los profesores y buscaba pelea incluso con sus amigos. David y él tuvieron una relación complicada al principio, ya que David intentaba establecer normas y nada funcionaba.

«Un día, cuando John tenía unos catorce años, se portó mal de nuevo, así que lo llevé a mi despacho. Yo era consciente de lo mal que lo estaba pasando, pero aún no conocía la raíz del problema. Empezamos a hablar y conectamos a través del fútbol y el golf. En poco tiempo me di cuenta de que era muy disléxico pero había logrado pasar la escuela primaria y un año de educación secundaria sin que nadie lo notara. Le pregunté qué quería hacer cuando dejara la escuela y dijo que estaba interesado en convertirse en aprendiz en el mundo de la construcción.»

David dio un paso radical en su esfuerzo por apoyar a John. En lugar de forzarlo a un entorno de aprendizaje tradicional, decidió crear un currículo que le resultara beneficioso a la hora de solicitar un puesto como aprendiz. El programa se llamó Exite, que significa «*exit into employment*» («salida hacia el empleo»).

«Elaboramos un camino que se adaptara a sus necesidades, en el que pudiera estudiar las materias que le interesaban. Incluimos prácticas laborales, invitamos a formadores a la escuela y lo apoyamos para que se cualificara en materias como salud y seguridad en el trabajo. Cuando John dejó la escuela, estaba muy preparado. Su experiencia laboral fue tan bien que le ofrecieron un periodo de formación en la misma empresa.»

Esta fue una solución inusual y brillante, pero necesitaba apoyo financiero y práctico. Afortunadamente, David tenía la confianza de su personal y de los socios comunitarios, y también trabajaba en estrecha colaboración con diversas organizaciones. Los costes mínimos fueron cubiertos por recursos locales y una parte corrió a cargo del presupuesto escolar.

«Siempre que me encuentro con John en la calle, me da las gracias, casi diez años después. Dice que le cambié la vida, pero él cambió la escuela. Abrió una puerta a lo que estaba por venir. No solo John necesitaba este programa, había otros chicos en la escuela que podían beneficiarse de cursos vocacionales que no solo les garantizarían un empleo, sino que evitarían que muchos de nuestros jóvenes abandonaran la zona. Como comunidad rural en una península, a veces se olvidan de nosotros, y treinta y cuatro miembros de nuestro personal vienen en ferry todos los días. Necesitamos encontrar tantas oportunidades como sea posible para nuestros alumnos, y animarlos a quedarse si así lo desean.»

David admite que crear planes de estudio personalizados ha sido difícil, y no siempre lo hacen bien, pero hasta la fecha han realizado más de cincuenta cursos basados en habilidades competenciales.

«Cada estudiante puede solicitar participar, independientemente de sus habilidades y su experiencia. Ronan, nuestro delegado, con una nota media de sobresaliente, solicitó uno de nuestros cursos y consiguió un puesto en un periódico local. Su sueño era convertirse en periodista de Fórmula Uno y ahora escribe para un sitio web de Fórmula Uno.»

Sé lo raro y especial que es para una escuela ser el corazón y el alma de una comunidad. David cuenta con un gran apoyo local y, a su vez, contribuye a la comunidad formando a estos jóvenes increíbles. El mejor ejemplo de esto está por venir.

«Actualmente estamos trabajando en un proyecto de ensueño con el pueblo, para regenerar la zona y fomentar el turismo. Los planes incluyen trenes cremallera y teleféricos para acceder a las montañas. El comité que está trabajando en esto tiene una gran fe en nuestra escuela y nos ha dado la oportunidad de crear una junta asesora juvenil. Esto significa que nuestros estudiantes lideran este proyecto en su comunidad. Es un gran riesgo para el comité porque ha invertido mucho para obtener un resultado positivo, y es una gran responsabilidad para nosotros, pero se trata de un increíble reconocimiento para la escuela y los jóvenes.»

Una de las lecciones más importantes que David ha aprendido es a no juzgar nunca a un niño. Todo comportamiento es comunicación y nos puede revelar mucho sobre cada alumno.

«Los profesores siempre deben tratar de profundizar y entender lo que cada estudiante puede estar experimentando fuera de la escuela. Me acordé de esto cuando me encargué de distribuir almuerzos gratuitos a nuestros alumnos durante el confinamiento. Fue la primera vez que visité sus casas. No sabía cómo vivían y fui testigo directo de sus dificultades.»

Al igual que yo, David es un padre que se dedica a la educación, lo cual puede ser una combinación difícil, especialmente con sus hijos estudiando en la escuela que dirige. En situaciones que implican a los alumnos, podemos intervenir y ayudarlos a todos, pero cuando se trata de nuestros propios hijos, nos contenemos. Es difícil para los hijos de los profesores; nadie quiere que su madre o padre intervenga. Pero, aun así, tienen los mismos problemas que otros estudiantes, incluyendo la lata de los deberes.

«Aunque soy profesor, no tengo una fórmula secreta para hacer que tu hijo haga sus tareas. Sé que a muchos padres les cuesta esto, igual que a mí. Mi sugerencia es que no presiones a tu hijo; así será más probable que acepte tu ayuda. Una de las mejores maneras de apoyarlos es de forma práctica, ayudándolos a planificar sus deberes para que los aborden poco a poco y con descansos regulares.»

David cree que debemos permitir que nuestros hijos cometan sus propios errores y aprendan de ellos mientras estamos ahí para guiarlos.

«En nuestra comunidad tenemos a los jóvenes más increíbles. Sí, hay retos, pero hemos de darles la oportunidad de mejorar y, como padres, tenemos que esforzarnos para que nuestros hijos encuentren su propio camino. Podemos estar en segundo plano, actuando como una estrella guía.»

Uno de los ámbitos a los que David desea que algunos de sus estudiantes se dirijan es la enseñanza. Ha visto a muchos jóvenes increíbles mostrar una habilidad natural para este camino vocacional y quiere animarlos.

«Necesitamos profesores que estén ahí para los niños. Una de mis estudiantes, Eilidh, de doce años, es una nadadora brillante. Pidió permiso para faltar a una clase los viernes por la tarde para ayudar a los estudiantes del centro de aprendizaje con su clase de natación. Ha mostrado una gran aptitud para trabajar con niños y quiero alimentar esa pasión. Necesitamos que estos jóvenes tan admirables sean los profesores del futuro.»

Con líderes como David en nuestras escuelas, el futuro parece brillante.

CONCLUSIÓN

Mi más sincero agradecimiento a todos los profesores que han aceptado formar parte de este libro y han compartido generosamente sus experiencias. Estoy muy agradecida por su notable perspectiva y sus recuerdos conmovedores, que a veces me han hecho llorar por razones tanto tristes como alegres. Manifiestan una pasión por su profesión que va mucho más allá de su titulación y que los define, y ponen a los alumnos —no al currículo, el presupuesto o las evaluaciones— en el centro y celebran su existencia. Al compartir las verdades que han aprendido de los estudiantes a los que han dado clase, los lectores también nos beneficiamos.

Así pues, ¿qué has aprendido de estos maravillosos profesores? Imagino que te sientes tan conmovido e inspirado como yo por estas personas increíblemente jóvenes que han superado la adversidad. Te animo a reflexionar sobre estas historias, trasladarlas a tu vida diaria y poner en práctica las ideas que resulten apropiadas a tus circunstancias. Vuelve a los textos cada vez que lo necesites. Tal vez te hayan recordado a tus propias experiencias positivas con profesores por los que te sientes agradecido. En estas páginas hay una gran sabiduría que nos puede ayudar a todos, ya seamos padres, profesores o meros individuos que nos abrimos paso en la vida.

Acabas de conocer a treinta profesores extraordinarios, pero están por todas partes, siendo magníficos sin llamar la atención. Creo que esto ha sido más evidente durante la pandemia, cuando los niños han recibido la educación en casa. En mi tablón de anuncios hay pegada una cita, de origen desconocido, que dice así: «Los ingenieros hacen puentes. Los pintores hacen pinturas. Los científicos hacen cohetes. Pero los profesores los hacen a todos ellos».

Gracias a todos los profesores del mundo, muchos de los cuales trabajáis en condiciones muy difíciles y sin ser plenamente conscientes del impacto que tenéis en vuestra comunidad. Os aprecio.

AGRADECIMIENTOS

En primer lugar, mi más sincero agradecimiento a Lucy Brazier, cuyo genio artístico dio vida a estas conversaciones. Echo mucho de menos nuestras charlas por Zoom y los sonidos de tu jardín.

A los treinta magníficos amigos que me han dado permiso para compartir sus historias y para adentrarme en los mundos de sus escuelas. Gracias por vuestra paciencia y vuestro tiempo, ha sido un verdadero honor trabajar con vosotros.

Gracias a mi maravillosa editora Katy Follain, cuya idea hizo posible este viaje, por su carácter positivo y su paciencia.

Un enorme agradecimiento al resto del equipo de Quercus: Nina Sandelson, Tania Wilde, Emily Patience, Andrew Smith, Jon Butler, Lipfon Tang, David Murphy, Chris Keith-Wright, Emma Thawley, Hannah Cawse, Ian Binnie, Jacqui Lewis y Rhian McKay.

A mi maravillosa agente Rachel Mills, gracias por tu energía y tu apoyo, y por estar siempre ahí.

A mi equipo de Artists in Residence: George y Joe, gracias por vuestro apoyo y dedicación.

También a Vikas, por tu apoyo y por contestar siempre a mis llamadas, las veinticuatro horas del día, siete días a la semana.

Soy afortunada por el amor y el estímulo que recibo de mis amigos, padres y hermanos por el trabajo que hago; gracias.

Por último, a mi siempre paciente esposo John, a mis hijas Sophia y Anna Maria, por elevar mi espíritu, por las interminables tazas de té y por soportarme.